W0065438

Konrad Adam

Die Ohnmacht der Macht

Konrad Adam

Die Ohnmacht der Macht

Wie man den
Staat ausbeutet,
betrügt
und verspielt

Siedler Verlag

Inhalt

Einleitung

Das ist die Zeit
und keiner weiß ihr Rat:
den eigenen Bürger
untergräbt der Staat.
Gottfried Benn

Die Umstände, unter denen die politische Nach-
kriegsordnung nach mehr als vierzig Jahren zu-
sammenbrach, sind allgemein als eine Revolution verstanden und beschrieben worden. Als sei
das selbstverständlich, wurden die Demonstra-
tionen und Aufstandsbewegungen, die militärischen Rückzüge und der Zerfall ganzer Länder
mit Vorgängen verglichen, die wie sonst nichts
die Welt verändert und die Geschichte vorangetrieben hatten. Die meisten Beobachter fühlten
sich an das erinnert, was im 18. Jahrhundert die
Amerikaner und die Franzosen und später dann,
im 20., die Russen selbst zustandegebracht hatten. Auch hierzulande gefiel man sich in historischen Parallelen und feierte die von den Bürgern
erzwungene Öffnung der Mauer als eine Tat, mit
der die Deutschen nachholten, was anderen Völ-
kern schon vor langer Zeit geglückt war. Nach

7

langem Stillstand war die Geschichte endlich wieder vorangekommen, und das genügte, um von einer Revolution zu sprechen.

Diese Deutung ist eindrucksvoll, macht sich die Sache aber doch zu einfach. Sie übersieht vor allem, daß sich die deutschen und die anderen Revolutionäre des Jahres 1989 von ihren Vorgängern nicht nur in den Formen unterschieden, sondern auch in dem, was sie wollten. In ihrem Buch über die amerikanische Revolution hat Hannah Arendt für ein Ereignis, das diesen Namen tragen soll, zwei Merkmale genannt: Revolutionen hätten die Sprache der Notwendigkeit zu sprechen und vor Gewaltsamkeiten nicht zurückzuschrecken. »Die Verherrlichung der Gewalt beruft sich auf die Notwendigkeit, deren Sache sie angeblich vertritt und vorantreibt, und die Notwendigkeit selbst wird heute von den Revolutionären so gläubig verehrt, wie einst die Freiheit.« Wer sich auf diesen Maßstab einläßt, hat es schwer, im Hinblick auf den Herbst 1989 von einer Revolution zu sprechen. Denn damals berief sich niemand auf irgendwelche historischen Gesetzmäßigkeiten. Im Gegenteil wollte man mit Marx und Engels, die einen solchen Anspruch erhoben hatten, definitiv Schluß machen, und eine Stimme, die in der Art von Lenin oder anderen Berufsrevolutionären nach der Gewalt gerufen hätte, gab es auch nicht. Gerade umgekehrt war die Parole »Keine Gewalt!« von Anfang an ein

Kennzeichen der Erhebung, vielleicht sogar die wichtigste Voraussetzung für ihr Gelingen. Die einstweilen letzte Revolution wurde nicht vom Glauben an die Notwendigkeit inspiriert, sondern vom Geist der Freiheit, und die Gewaltlosigkeit war für sie genauso konstitutiv wie früher der Gewaltgebrauch.

Tatsächlich hatte, was 1989 geschah, in der revolutionären Tradition kaum ein Vorbild. Die Aufständischen kamen von vornherein mit leisen Tönen daher, und als sie schließlich am Ziel waren, war vom Pathos des Neubeginns, von rauschenden Siegesfeiern und hochherzigen Proklamationen nicht viel zu hören. Auf Seiten der Demonstranten herrschte das deprimierende Bewußtsein, ein Gutteil oder sogar das ganze Leben mit einem sinnlosen Experiment vertan zu haben und nach unendlich kostspieligen Umwegen nun wieder dort angekommen zu sein, wo sie vor fünfzig, sechzig oder siebzig Jahren schon einmal gestanden hatten. Auf der anderen Seite, im überlegenen Westen, wußte man genau, daß der Umsturz viel weniger ein eigener Erfolg als eine Niederlage des Gegners war. Beim Blick in die Zukunft konnten die Menschen hier und dort nichts anderes entdecken als ein vergrößertes Abbild dessen, was sie schon kannten. Nach dem Scheitern der großartigen Visionen und der definitiven Entwürfe setzten sie auf Erfahrung und wollten den Ankündigungen von herrlichen Zeiten, strahlenden Morgen und blühenden Landschaften, die natürlich auch jetzt wieder zu hören waren, nicht mehr trauen. Der Osten erinnerte sich ganz gut, daß er unter den Parolen vom ewigen Fortschritt in Wahrheit weit zurückgefallen war: Die Unsicherheit und das Mißtrauen saßen tief.

Das Kapital des Westens war das Versprechen von Demokratie und Marktwirtschaft. Das wirkte beruhigend, aber nicht begeisternd, denn Demokratie ist eine umständliche, auf das Formale ausgerichtete Regierungsform, und bloße Formen können, so wichtig sie auch sein mögen, ebensowenig Liebe erwecken wie der kalte Mechanismus des Marktes. Sich gegen den Osten zu öffnen, ihm zuzuhören und aus seinen umständlichen Debatten etwas zu lernen, wäre für einen müden und zynisch reagierenden Westen überaus heilsam gewesen. Er hat jedoch das Gegenteil getan und alles mögliche unternommen, den Schwung der Menschen, die sich soeben erst aus eigener Kraft befreit hatten, wieder zu dämpfen. Schon deshalb ist die westliche Empörung über das Wiederaufleben der kommunistischen Nachfolgeparteien in Polen, Ungarn und der alten DDR allzu selbstgerecht. Wenn sich die Bevölkerung im Osten von den Bürgerrechtsbewegungen, die für die Freiheit so viele Opfer gebracht hatten, enttäuscht wieder abwandte und Zuflucht suchte bei ihren alten Zwingherren, dann war das eben nicht nur Trotz und Ressentiment, sondern auch eine Folge westlicher Indolenz. In einer Umgebung, die Fragen überflüssig und Zweifel lästig findet, wirkt eine Partei, die behauptet, aus Erfahrung klug geworden zu sein, jedenfalls originell. Die abstoßende Art, in der die Emissäre der Marktwirtschaft weite Teile der neuen Länder in Besitz nahmen, tat dann ein übriges und machte die progressive Reaktion fast unvermeidlich. Der Westen hatte eine Chance, er hat sie aber schlecht genutzt. Er wird das merken, wenn er sich gegen asiatische Markteroberer, Emigranten aus Afrika und islamische Fundamentalisten behaupten will und feststellt, daß er mit leeren Händen dasteht.

Der Bundesrepublik ist in ihrer vierzigjährigen Geschichte jede ernsthafte Belastungsprobe erspart geblieben. Immer dann, wenn es bedrohlich wurde, am 17. Juni, beim Bau der Mauer oder nach dem plötzlichen Ende des Prager Frühlings, standen die Alliierten für die Sicherheit des Landes ein. Das war, soweit es Deutschland in seinen Außenbeziehungen Entlastung brachte, ein Glück. Für die innere Verfassung des Landes und die Entwicklung einer zivilen Gesellschaft war es aber nicht hilfreich, denn es hat die Deutschen daran gewöhnt, ihr Heil in einer Politik zu suchen, die schon dann ans Ziel zu kommen glaubt, wenn sie die Richtung hält und auf den alten Wegen einfach weiterläuft. Man will die Dinge wachsen sehen, ansonsten aber lassen, wie sie sind. Das führt zu einer sonderbaren Mischung von

Hektik und Lethargie, von Aktionismus und Stagnation, von Zuversicht und Ängstlichkeit. Sie ist zum Kennzeichen der deutschen Nachkriegsmentalität geworden und wird durch jede Umfrage bestätigt: Die Deutschen, heißt es dann, sind ständig unzufrieden, das allerdings auf hohem Niveau. Der Wunsch, mehr zu bekommen, und das Versprechen, mehr zu verteilen, reichen zum Glück offenbar nicht aus. Sie lassen keine Ruhe, weil sich hinter dem ersten Ziel schon gleich das nächste auftut, und so in alle Ewigkeit. Wer sich an diesen Lebensrhythmus gewöhnt hat, muß die Aussicht auf kleinere Fortschritte und ein geringeres Wachstum als eine Bedrohung empfinden. Obwohl sie doch nur ins Bewußtsein ruft, was fehlt.

Der Überstaat

Seitdem die Sowjetunion erkennbar ihrem Untergang entgegentrieb, rätselte die Welt über die
Frage, wie das Riesenreich von der Bühne abtre-
ten werde – mit einem matten Seufzer oder einer
gewaltigen Explosion. Das Resultat, soweit es
denn bisher erkennbar ist, wird die meisten erleichtert haben. Befürchtungen, die von einem
Weltbrand redeten und den ersten Bürgerkrieg
mit Atomwaffen schon greifbar vor Augen sahen,
haben sich nicht bestätigt, einstweilen jedenfalls
noch nicht. Den klassischen Ausweg der Diktatoren zu suchen, die inneren Bedrängnisse nach
außen zu tragen und die Erbitterung des Volkes
gegen irgendeinen Erbfeind zu richten, erwies
sich für die Erben Gorbatschows als schwierig:
Auch dazu war das Land zu schwach. Es hatte
seine Kräfte überschätzt und seine Linien über-
dehnt, so daß zunächst nur noch Entlastung,
Schrumpfung, Rückzug blieb. In Afghanistan
war diese Bewegung in Gang gekommen, in
Osteuropa hatte sie sich fortgesetzt; beruhigen
oder sogar umkehren wird sie sich erst dann,
wenn zwischen dem Ehrgeiz des Landes und

seinen Kräften ein ungefähres Gleichgewicht besteht. Die ersten Anzeichen dafür sind längst bemerkbar.

Der ständige Ausgriff der Sowjetunion, der in so merkwürdigem Gegensatz stand zur orthodoxen Lehre vom allmählichen Absterben des Staates, beschränkte sich aber nicht auf die Außenbeziehungen des Landes. Dem äußeren entsprach ein innerer Imperialismus, der die Staatsmacht belastete und schließlich ruinierte. Die Partei und ihr unentbehrlicher Zuträger, die Polizei, durchdrangen und lähmten alle Lebensbereiche. Da Initiative unerwünscht war und der einzelne als verdächtig galt, war der Staat allzuständig.

Wenn er eingriff, dann immer mit dem denkbar größten Aufwand, der zu dem gegebenen Anlaß in einem grotesken Mißverhältnis stand. Man hatte die Gesellschaft nach Art einer Pyramide entworfen, aus der die vermittelnden Gewalten vollständig entfernt worden waren. Die Folge war, daß auch die geringsten Fehler und Ausfälle bis weit nach oben durchschlugen, die Spitze irritierten und das Ganze in Gefahr brachten. Der Riese war in Wahrheit schwach. Er konnte, wie die verspäteten Reformversuche unter Andropow und Tschernenko gezeigt haben, seine konstitutionellen Schwächen zwar noch erkennen, aber nicht mehr heilen oder auch nur lindern. Das System des demokratischen Zentralismus war darauf angelegt, grundsätzlich den längsten

Weg zu gehen und die Entscheidung auf allerhöchster Ebene zu suchen, so daß über die Paßangelegenheiten von Wolf Biermann am Ende der Staatsratsvorsitzende persönlich zu befinden hatte.

Dann kam die Wende. Mit ihr lernten die vom Zentralkomitee entmutigten und geduckten Menschen ein anderes, auf seine Weise jedoch ebenfalls kräftig übersteuertes System kennen. Auch der Wohlfahrts- und Versorgungsstaat westlichen Musters setzt ja nicht etwa auf den einzelnen, sondern auf den Apparat und verspricht Dinge, die er längst nicht mehr garantieren kann. Daß die Nutznießer der Einparteiendiktatur einem System nachtrauerten, das sie mit Privilegien überschüttet hatte, war zu erwarten. Aber Unzufriedenheit und Enttäuschungen gehen über diese Kreise weit hinaus. Man muß nicht SED-Mitglied gewesen sein, um die Parolen von damals mit denen von heute zu vergleichen und dabei eine irritierende Ähnlichkeit festzustellen. Wenn das Recht auf Arbeit zu den Menschenrechten gehört und in die Kompetenz der staatlichen Behörden fällt, dann muß dies Recht für alle gelten, und Arbeitslosigkeit ist ein Skandal. Wenn der Bau und die Vermietung preiswerter Wohnungen zu den öffentlichen Aufgaben gehört, dann scheint der Bonner Staat in dieser Hinsicht nichts zu leisten. Wenn Sozialstaatlichkeit so verstanden wird, daß alle Lebenschancen möglichst gleich verteilt sind, dann war der reale Sozialismus der Marktwirtschaft zumindest gewachsen, vielleicht sogar überlegen. Angesichts solcher Erfahrungen und Beobachtungen kommt man kaum umhin, sich über die Grenzen der Staatstätigkeit seine Gedanken zu machen und sich zu fragen, um wieviel besser denn der neue deutsche Staat gerüstet ist, die Fehler des alten zu vermeiden.

Der Staat hat seine Kreise so stetig und so konsequent immer weiter gezogen, daß manche in der Bewegung so etwas wie eine Konstante zu erkennen glaubten – das Gesetz der wachsenden Staatsaufgaben. Voraussetzung für diese Entwicklung war, daß sich die Wünsche trafen, sich also die Begehrlichkeit der Bürger mit dem Machthunger des Staates verband. Das verkennt, wer immer nur die Obrigkeit am Werke sieht, die eigensüchtig darauf aus ist, dem Bürger seine Rechte aus der Hand zu nehmen, um ihn am Ende fürsorglich zu entmündigen. In Wirklichkeit ergänzten sich die Wünsche beider Seiten, die Aussicht auf Beute hat sie zusammengeführt und miteinander verbunden. Die Sehnsucht nach Betreuung ist allgegenwärtig und wird von den Menschen so lange nicht als eine Einbuße an Freiheit empfunden, als die Fürsorge des Staates nicht wie ein Almosen erbeten werden muß, sondern als Rechtsanspruch eingeklagt und durchgesetzt werden kann. Der Sinn der Grundrechte hat sich verändert, in der Tendenz hat er sich geradezu ins Gegenteil verkehrt. Ursprünglich dazu geschaffen, die Herrschaft auf Abstand zu halten und die bürgerlichen Freiheiten gegen den Übergriff von oben zu schützen, werden sie heute als Ansprüche verstanden, die der Bürger zu stellen und der Staat zu erfüllen hat. Solange beide Seiten glauben, von dieser Lösung zu profitieren, werden sie zufrieden sein.

Doch gerade darauf kann man sich immer weniger verlassen. Bei dem Versuch, die Sorgen der Bürger dem Staat aufzuladen, scheinen beide Teile nicht länger zu gewinnen. Die Sozialadministration ist zusehends unfähig, das zu erreichen, was sie den Menschen verspricht. Obwohl der Aufwand für die öffentliche Wohlfahrt steigt und die Ausgaben für soziale Leistungen von einer Rekordmarke zur nächsten treiben, nehmen die Zeichen von Verwahrlosung und nicht nur relativ definierter Armut zu. Die Zahl der Arbeitsplätze ist so hoch wie nie zuvor, die Zahl der Arbeitslosen aber auch. Mit ihrem unablässig wiederholten Gelöbnis, Arbeitsplätze zu schaffen oder zu sichern, scheinen die Politiker nichts mehr auszurichten, denn jeder neue Konjunktureinbruch hinterläßt ein größeres Kontingent von sogenannten Langzeitarbeitslosen.

Auch das zweite soziale Grundrecht, das Recht auf Wohnen, geht immer öfter ins Leere. Wohnungen gibt es zwar genug, im Durchschnitt sind sie auch bei weitem größer als zuvor, sie kommen indessen nicht mehr auf den Markt, und wenn, dann geht das Angebot an denjenigen vorbei, die es vor allem nötig hätten. Der Vorschlag, die Dinge festzuschreiben und die unverbindlichen Zusagen des Grundgesetzes zu einem förmlichen Rechtsanspruch auf Wohnung und Arbeit zu erheben, sucht den Ausweg nach der falschen Seite. Denn die Wirksamkeit des Staates scheint ja gerade hier an ihre Grenzen zu stoßen. Versuche, solche Erfahrungen zu ignorieren, die Grenze hinauszuschieben und das gesamte Dasein einschließlich des Liebens, des Lebens und des Sterbens, wie es der Sozialpolitiker Rudolf Dreßler neulich vorgeschlagen hat, zum Ziel der Behördentätigkeit zu machen, erscheinen wie ein Protest gegen die Wirklichkeit. Er wird nicht viel bewirken. Die Realität wird stärker sein und die Menschen mit aller Härte daran erinnern, daß es Grenzen gibt.

Die Gründe dafür liegen auf der Hand. Ein Staat, der seinen Einfluß immer weiter ausdehnt, macht sich verletzbar. Indem er seinen Hoheitsanspruch auf Provinzen erweitert, für die ihm die Ordnungsmacht fehlt, begibt er sich in eine prekäre Lage. Beugt er sich dem Druck der Interessenten, der Besitzstandswahrer und Besitzstandsmehrer, dann zeigt er, daß er erpreßbar ist. Widersteht er und beruft sich darauf, daß er da, wo ihm die Befugnisse fehlen, auch nicht haftbar gemacht werden kann, zieht er sich den Ärger der Enttäuschten zu. Sie glauben an Ausflüchte, reden von Sozialabbau, von Kahlschlag und von Staatsversagen und geben der Obrigkeit die Schuld für Umstände, die sie selbst zu verantworten haben. Tocqueville bemerkt einmal, daß ein Recht ohne die Möglichkeit, sich Gehorsam zu verschaffen, nicht stärker macht, sondern schwächer, weil es Ansprüche erzeugt, die sich nicht durchsetzen lassen. So gut wie alle sozialen Rechte, die der moderne Wohlfahrtsstaat in Aussicht stellt, sind von dieser Art. Der Gesetzgeber hat sie zwar generös zugesagt, hat die Bürger dazu ermuntert, ihre Ansprüche, wie es im Sozialgesetzbuch heißt, »möglichst weitgehend zu realisieren«. Über die schmale und brüchige Basis, die den Wunderbau des deutschen Sozialstaats auf Dauer tragen soll, äußert er sich jedoch nicht. Für dieses Schweigen gibt es verständliche, allerdings keine guten Gründe. Denn daß auch in Zukunft genügend Menschen da sind, um die Alten zu pflegen, daß es genug Berufstätige gibt, um die Rentenversicherung stabil zu halten, und genug Arbeitsplätze, um die gewaltigen Verpflichtungen, auf die sich der Staat eingelassen hat, zu erwirtschaften, das alles hat die Regierung nicht in der Hand. Wenn sie es dennoch verspricht, gibt sie vor, über etwas zu verfügen, was ihr gar nicht gehört.

Der Staat scheint aber unfähig oder unwillig zu

sein, daraus die Konsequenz zu ziehen. Jeder Geschäftsmann, jeder Haushaltsvorstand würde mit Dingen, die für ihn wichtig sind, deren Bestand jedoch außerhalb seiner Reichweite liegt, vorsichtig umgehen. Er würde die begrenzten Vorräte schonen und sie als Grundlage für alles weitere zu erhalten suchen. Der Staat hingegen, der immer neue Kompetenzen an sich gezogen hat, denkt offensichtlich anders. Nachdem er in die Breite gewachsen ist, gewinnt er die Mittel, die er zur Bewirtschaftung seiner ausgedehnten Ländereien braucht, ziemlich bedenkenlos aus der Tiefe. Er belastet die Zukunft, um der Gegenwart gefällig sein zu können. Eine Regierung will wiedergewählt werden und handelt deshalb völlig rational, wenn sie den Augenblicksinteressen alles andere unterordnet.

Wahrscheinlich ist jede Demokratie in dieser Gefahr. Platon hat sie auch zum zentralen Einwand gegen die von ihm nicht sonderlich geliebte Staatsform erhoben; aber noch nie sind Hypotheken so leichtfertig übernommen und gleichzeitig mit so viel Energie geleugnet worden wie zur Zeit. Über nichts redet Norbert Blüm so gern wie über die Verpflichtung, den Menschen Arbeit zu geben; gleichwohl trägt er selbst wie kein zweiter dazu bei, das Arbeitsverhältnis mit immer neuen Bürden zu beladen und dergestalt die Arbeit unbezahlbar zu machen. Niemand verspricht so oft wie er, die Renten seien sicher, aber niemand verhält sich abweisender als er gegen die Wünsche der nächsten Generation, von der es doch abhängt, ob sich die Zusagen erfüllen lassen. Er beschwört die Zukunft, opfert sie aber den Überlegungen einer auf vier Jahre begrenzten Legislaturperiode. Seine Politik hat entscheidend dazu beigetragen, aus Deutschland einen Rentnerstaat zu machen, in dem die Jungen nicht mehr viel zu sagen haben. Blüm muß die Wünsche seiner treuesten Klientel fast bedingungslos erfüllen. In welchem Ausmaß das geschieht, dafür ist immer noch die öffentliche Schuldenlast das sicherste Indiz, und diese Last war, jedenfalls in Deutschland, noch nie so hoch wie jetzt. Es gibt keine zweite Epoche, in der es die Gegenwart gewagt hätte, sich auf Kosten derer, die später kommen, so hemmungslos zu bereichern.

Wolfgang Schäuble hat den Deutschen vorgeworfen, sich nur noch auf ihre Rechte zu berufen und den Staat wie eine Sozialagentur zu benutzen, die alle Wünsche zu erfüllen hat. Die Kritik ist berechtigt, klänge freilich überzeugender, wenn er hinzugesetzt hätte, daß den Bürgern ihre Ansprüche förmlich aufgedrängt worden sind und es der Staat doch selber ist, der sich in der Rolle einer Sozial- und Reiseagentur gefällt. Wenn sich das Kabinett mit der Frage befaßt, auf welchen Wegen die Opfer eines bankrotten Reiseunternehmens in die Heimat zurückgeführt werden können, und der Bundestag mehrere

Stunden lang über die Einzelheiten des neuen Namensrechts debattiert, gibt die Regierung offenbar das falsche Beispiel. Ihre Organe verzetteln sich in tausend Zuständigkeiten, verschwenden ihre Kraft auf allerlei Ephemeres, so daß für ein säkulares Ereignis wie die Entscheidung über den europäischen Einigungsprozeß keine Zeit mehr bleibt. Selten wurde eine von Grund auf politische Frage so buchhalterisch behandelt wie der Maastricht-Vertrag, und es paßt dazu, daß die Regierung die eigentlichen Streitfragen zur Entscheidung schließlich dem Verfassungsgericht überließ. Mit beträchtlichem Geschick haben dann die Richter das nachgeholt, was die Legislative – sei es aus Unvermögen, sei es aus taktischer Berechnung – versäumt hatte.

Denn das ist ja die Kehrseite des Ausgreifens auf immer neues Terrain: Wer überall präsent sein will, muß seine Truppen auseinanderziehen. Sie fehlen dann gerade dort, wo die Entscheidung fallen muß. Indem der Staat sich nach allen Seiten ausdehnt, ist er gezwungen, sich nicht bloß irgendwo zurückzuziehen, sondern aus den Zentren seiner Macht. Fragen der inneren und der äußeren Sicherheit, also gerade das, was zu den genuinen Aufgaben des Staates gehört, werden im Zuge dieser Entwicklung mit einer Beliebigkeit behandelt, die einige Kritiker schon vor Jahren den Verdacht der Unregierbarkeit äußern ließ. Kommen Koalitionsrivalitäten hinzu, weil der Außenminister zugleich Parteivorsitzender ist, wird die Regierung vollends handlungsunfähig. Über die Bündnistreue des Landes und seiner äußeren Verpflichtungen wird unter solchen Umständen nicht mehr in Bonn entschieden, sondern in Karlsruhe. Als es um den Einsatz der Bundeswehr in der Adria oder auf dem Balkan ging, beschrieb Außenminister Kinkel die Lage, aus der sich die Klage ergeben hatte, mit folgenden Worten: »Wir meinen, wir müßten können, aber wir glauben, wir könnten nicht, wobei wir uns dann streiten, ob es nicht doch geht.«

Das ist politische Agonie und bedeutet nichts anderes, als daß die Bundesregierung zu einer konsistenten Außenpolitik nicht mehr fähig ist. Von der inneren Sicherheit läßt sich in manchen Ländern und einigen Städten Ähnliches sagen. Nicht nur die Zahl, auch das Gewicht der Delikte, die registriert, jedoch nicht mehr verfolgt und kaum noch effektiv bestraft werden, nimmt ständig zu. Wo die Polizei private Ordnungsdienste zur Hilfe ruft oder einer Bürgerwehr Platz macht, kapituliert der Staat in aller Öffentlichkeit. So geht es weiter, quer durch alle klassischen Ressorts. Der Verteidigungsminister kann den Wehrpflichtigen nicht mehr erklären, warum es sich lohnt zu dienen, und eine völlig überlastete Justiz mutet den Bürgern Wartezeiten zu, die gelegentlich auf Rechtsverweigerung hinauslaufen. Der Staat versagt nicht irgendwo, sondern gerade dort, wo es am wenigsten zu tolerieren ist.

Besonders klar wird das im Steuerwesen. Der Staat gibt offen zu, daß er nicht weiter weiß, und verschickt seine Kapitulationsurkunden mit der Post. Seit Jahren wächst die Liste der Vorbehaltsregelungen, derentwegen Steuerbescheide nur noch vorläufig ergehen können; inzwischen liegt die Zahl bei rund ein Dutzend Gründen. Was der Staat seinen Bürgern auf diesem Wege mitteilt, ist dreierlei: zunächst, daß er die Übersicht verloren hat; sodann, daß er trotzdem auf seinem Recht besteht; drittens, daß er keine Ahnung davon hat, wann er sich wieder in der Lage sieht, den Steuerpflichtigen rechtzeitig und verbindlich Nachricht darüber zu geben, was sie zu zahlen haben.

Die Erfahrung lehrt, daß das noch lange dauern kann. Steuerehrlichkeit wird unter solchen Umständen zu einer Tugend der Dummen. Die Regierung hat freilich wenig Grund, sich über diese Entwicklung zu beklagen, denn Steuerflucht und Steuerbetrug sind ja genau das, was seitens der Bürger zu erwarten ist, wenn der Staat ihnen vormacht, daß er auf Verläßlichkeit keinen Wert legt.

Man muß beides, das Ausschwärmen der Kräfte und das Entblößen der Zitadelle, zusammennehmen, um zu begreifen, wie sich die Macht der Staatsgewalt verschoben hat. Die alte Stammtischparole, nach der die Politiker könnten, wenn sie nur wollten, gilt eben nicht mehr. Niklas Luhmann hält sie mit vollem Recht für die letzte Utopie einer Gesellschaft, die sonst von Utopien nichts mehr wissen will. Wer sich den bizarren Verlauf einiger politischer Beratungen vor Augen führt und sich daran erinnert, von welchen Zufällen es abhängt, ob eine Sache zum Erfolg wird oder zur Blamage, muß ihm beipflichten. Das schier endlos verhandelte Asylrecht, das im letzten Augenblick am Schengener Abkommen zu scheitern drohte, ist dafür nur das letzte Beispiel. Offenbar war die Materie so kompliziert, daß selbst Fachleute kaum noch durchsahen. Als der Fehler schließlich entdeckt war, sagte ein Abgeordneter mit allen Zeichen der Erleichterung: »Gut, daß wir es endlich gefunden haben.«

Gut für wen? Gut für die Regierung oder die Opposition? Gut für die Asylbewerber oder die Inländer? Gut für Deutschland, gut für die EG oder gut für die Türkei? Jeder würde anders antworten. Bei einer solchen Vielfalt der Instanzen läßt sich die passende Lösung, die den Ausgleich schafft, keine Seite verletzt und auch noch praktikabel ist, nicht mehr finden. Je präziser die Vorschrift, desto geringer die Aussicht, daß das erreicht wird, was sie soll, denn eine andere, wahrscheinlich genauso präzise Regelung wird dagegenstehen.

Der totale Versorgungsstaat produziert Ungereimtheiten und Widersprüche in einem Umfang, daß sich ein Großteil seiner Maßnahmen in ihrer Wirksamkeit gegeneinander aufhebt. Im Forschungsministerium kann man sich die Liste zeigen lassen, auf der die Millionen vermerkt sind, mit denen medizinische Vorhaben gefördert werden, die drüben, wie die zuständigen Referenten mit einem anzüglichen Blick auf das Sozialministerium hinzufügen, mit ebensoviel Millionen aus dem Leistungskatalog der Krankenkassen gestrichen werden. Am selben Tage, an dem eine vom Umweltminister berufene Gutachterkommission eine drastische Verteuerung des Benzins als das einzige Mittel empfahl, dem drohenden Klimakollaps zuvorzukommen, erklärte der Bundesverkehrsminister, daß so etwas überhaupt nicht in Frage komme. Das Entwicklungshilfeministerium und seine Hintersassen helfen den armen Ländern beim Bau von Industrieanlagen, deren Produkte sie anschließend als gute Europäer vom gemeinsamen Markt fernzuhalten versuchen. Im einen Fall spricht man von Entwicklungshilfe, im anderen von Sozialdumping; beides schließt sich gegenseitig aus, wird aber trotzdem gleichzeitig betrieben.

Die Beispiele lassen sich vermehren. Aus ihnen ergibt sich mehr und anderes als die bekannte Klage über die Abstimmungsschwierigkeiten, die in allen Apparaten auftreten und mit der Größe der Maschinerie natürlich wachsen. Die Schwierigkeiten, mit denen es ein aufgeschwemmter Staat zu tun bekommt, lassen sich schon deshalb nicht durch Abstimmung beheben, weil sie Erwartungen wecken und Ansprüche begründen, die gegen Veränderungen weitgehend resistent sind. Die enge Verbindung von Patronat und Klientel, von Machtinteresse und Versorgungsinteresse macht den Ausweg schwer. Montesquieu konnte sich noch mit der Faustregel behelfen, immer dann, wenn es nicht nötig sei, ein Gesetz zu machen, sei es eben nötig, kein Gesetz zu machen. Den absoluten Herrscher, der stark genug zur Enthaltsamkeit wäre, gibt es indessen längst nicht mehr. Wenn sich der Staat erst einmal darauf eingelassen hat, sich auch für das zuständig zu halten, wofür er gar keine Kompetenz besitzt, kann er nicht einfach wieder zurück. Jedenfalls nicht zu Montesquieu und der neuzeitlichen Verfassungstheorie, die den Leviathan zähmen wollte und deshalb für alle Ideen, die auf eine Trennung von Staat und Gesellschaft hinausliefen, so große Sympathie empfand. Seit die amerikanische Verfassung die Förderung der allgemeinen Wohlfahrt in den Katalog der legitimen Staatsziele aufgenommen hatte, mochte kein Staat mehr zurückstehen. Der Begriff »general welfare« war unbestimmt genug, um immer neue Aufbrüche zu begründen und alle konkurrierenden Ziele in den Schatten zu stellen. Tatsächlich ist die materiell verstandene Wohlfahrt zum dominierenden Staatszweck geworden, hinter dem die Furcht, daß dies zu Lasten der Freiheit gehen könnte, fast völlig verschwand.

Verglichen mit den ursprünglichen Ideen, die vor zweihundert Jahren zum Durchbruch kamen, hat sich der Staat in seinen Ausmaßen und in seinem Wesen verändert. Wie überall haben auch im öffentlichen Bereich die Spezialisten die Macht übernommen. Ihr Kapital ist ihr Wissen, und dieses Herrschaftswissen hat wenig Respekt vor den hergebrachten Grenzen, mit denen die ältere Verfassungslehre die einzelnen Gewalten voneinander getrennt hatte. Es sind dieselben Fachleute, die ein Gesetz schreiben und beschließen, es anwenden und revidieren; alle Fäden laufen in ihrer Hand zusammen. Sie haben aus der Politik eine Art Geheimwissenschaft gemacht, unzugänglich für Laien und das gemeine Volk, das sie schon deshalb lieber draußen halten wollen. Es gibt nicht mehr die drei Gewalten, die annähernd gleichberechtigt nebeneinander stehen, sich gegenseitig in Schach halten und jedes Übergewicht langfristig zum Ausgleich bringen, sondern eine Unzahl von politischen Experten, die nur ein schmales Areal beherrschen, das aber ganz und gar. Weil sie wie alle Spezialisten daran gewöhnt sind, überall dort zuzugreifen, wo sie von der Sache etwas zu verstehen glauben, sind ihnen verfassungsrechtliche Bedenken fremd. Alle herkömmlichen Entwürfe gingen ja davon aus, daß es ein allgemeines, jedes Fachwissen übergreifendes Interesse gibt, Rousseaus »Volonté générale«, die zu erkennen oder wahrzunehmen Spezial-

kenntnisse nicht nur überflüssig, sondern geradezu hinderlich sind. Diese Auffassung hat sich
gewandelt und damit auch die Vorstellung von
den Aufgaben der Politik. Sie ist jetzt nicht mehr
für das Ganze zuständig. Das Ganze wird zu einer
ideologischen Fiktion, von der nur Fundamentalisten träumen. Politik erscheint als eine Tätigkeit, die ähnliche Karrieren eröffnet, den gleichen
Grad von Spezialisierung verlangt und letztlich
auch dieselben Eigenschaften belohnt wie jeder
andere Beruf. Statt die Gesellschaft zusammenzu-
führen und auf gemeinsame Ziele zu verpflichten, fördert sie den Zerfall, indem sie noch die
kleinste Gruppe dazu ermuntert, an ihren Erobe-
rungen festzuhalten. Während sie die Teile in Bewegung hält, schläfert sie den Sinn für die Gemeinsamkeiten ein und versetzt die Gesellschaft
in eine unbehagliche Ruhe.

Das Zentrum der Macht

Am Ende der Zwölften Legislaturperiode hatten die Abgeordneten des Deutschen Bundestages Gelegenheit, Aufschluß zu geben über die Loyalitäten, die sie gegenüber ihren Wählern empfanden und für ihre Partei. Es war sicherlich Zufall, daß die Gesetze über die Pflegeversicherung und über die Neuordnung der staatlichen Parteienfinanzierung an ein und demselben Tage, dem 1. Oktober 1993, im Parlament beraten wurden. Das Abstimmungsergebnis allerdings war dann sicherlich alles andere als zufällig. Es machte klar, daß sich die Abgeordneten über die Interessen der Parteien, denen sie ihre Kandidatur verdanken, viel eher verständigen können als über das Wohl der Bürger, die sie gewählt haben.

Monatelang war die Pflegeversicherung als ein Jahrhundertwerk gepriesen worden, an dem sich das zukünftige Schicksal des deutschen Volkes entscheiden werde. Der Bundesarbeitsminister, der den Entwurf federführend betreute, und sein sozialdemokratischer Konkurrent überboten sich in der Rolle des öffentlichen Wohltäters; Solidaritätsappelle gingen hin und her, und die Parteien beschworen sich gegenseitig, zugunsten der Alten und der Kranken auf alle Winkelzüge zu verzichten. Trotzdem lief das Ganze schließlich auf nichts anderes als Blockadehandeln hinaus. Jedenfalls war keiner überrascht, als die Vorlage wieder einmal liegenblieb und in das Vermittlungsverfahren übernommen wurde. Das verlängerte die Reise und erlaubte den Parteien, auf Kosten des Gegners sozialpolitisches Profil zu demonstrieren.

Die zweite Vorlage, das Parteienfinanzierungsgesetz, hatte es viel leichter. Das Thema ging nur die Parteien an, nicht eigentlich die Bürger, und war überhaupt nur deshalb dringlich geworden, weil das Bundesverfassungsgericht die gängige Praxis hartnäckig monierte. Im Parlament gab es in dieser Sache nur eine kurze Aussprache, die alles Grundsätzliche vermied. Von wenigen Dissidenten abgesehen, waren sich die Parteien von vornherein darüber einig, den vom Gericht gesetzten Finanzrahmen bis zum äußersten auszuschöpfen. Ob das notwendig oder auch nur sinnvoll war, ob der Verfassungsauftrag, an der politischen Willensbildung des Volkes mitzuwirken, sich nicht auch anders erfüllen ließ, darüber machten die Parteienvertreter nicht viele Worte. Nachdem sie sich im Bundestag schnell einig geworden waren, traten sie gemeinsam vor die Presse und verwahrten sich einmütig gegen die, wie sie sagten, »teilweise dümmliche Parteienkritik«. Die sonst so heftig rivalisierenden Kräfte schlossen sich zu einem Kartell zusammen, um gegen ihre Kritiker loszuziehen.

Man kann über die Pflegeversicherung denken, wie man will. Wenn man sie allerdings als das Jahrhundertthema betrachtet, das den von Bismarck begründeten Wohlfahrtsstaat vollenden soll, darf man sie nicht zum Spielball kurzfristiger Parteiinteressen machen. Vor allem dann natürlich nicht, wenn man am selben Tag ein Beispiel für Entschlossenheit und Energie in eigener Sache vorführt. In dieser Konstellation wirkt das eine wie eine Bestätigung des anderen, und die Wähler fühlen sich in ihrem Argwohn gegen die Parteienherrschaft gleich zweimal bestätigt. Statt das Bewußtsein einer gemeinsamen Sache zu stärken und die Bürger an die Staatsorgane zu binden, wächst die Entfernung zwischen Wählern und Gewählten. Während im Bundestag von den Menschen draußen im Lande gesprochen wird, denken diese Menschen, sofern sie sich einen Parlamentarier überhaupt vorstellen können, an eine unselbständige Figur, die von der Sorge umgetrieben wird, sich selbst und der Partei alle nur möglichen Vorteile zu erhalten. Die lebendige Verbindung zwischen dem Staat und dem Volk, von der das Parteiengesetz schwärmt, kommt damit gar nicht erst zustande.

Seit langem gibt es Anzeichen für eine Entfremdung zwischen dem, was in der Demokratie zusammengehört. Daß die Wahlbeteiligung insgesamt nicht mehr so stark ist wie in den Aufbaujahren der Republik, ist dabei weniger alarmierend als der relativ hohe Anteil von vorsätzlich ungültig gemachten Stimmzetteln. Denn daraus spricht eben nicht nur Langeweile oder Überdruß, sondern ganz bewußte Opposition. Ihr zu begegnen tun sich die Parteien deshalb so schwer, weil jede effektive Öffnung die Ansprüche einer Funktionärsklasse verletzen muß, die aus der Politik einen Beruf gemacht hat und jede Änderung als einen Angriff auf ihren Besitzstand fürchtet. Wenn wirklich einmal ein Antrag durchkommt, der das Herrschaftsmonopol der Amtsinhaber und Mandatsträger beschränkt und ihrer Sammelleidenschaft für öffentliche Posten Grenzen zieht, wird seine Anwendung mit großer Phantasie verschleppt. Parteiintern geschieht das häufig mit der offenherzigen Begründung, daß man mit keinem teilen wolle. Außenstehende sind nicht willkommen, am wenigsten dann, wenn sie als sogenannte Quereinsteiger ihre politische Karriere dort beginnen wollen, wo andere erst noch hin möchten. Diese anderen empfinden jeden, der nicht über Jahre Handzettel verteilt und Plakate geklebt hat, als unerbetene Konkurrenz und tun alles, um ihn klein zu halten. Tatsächlich sind die sogenannten Volksparteien im Volk nur schwach verankert.

Das ist das Gegenteil dessen, was das Grundgesetz ursprünglich gewollt hatte. Man hat den 21. Artikel, der die Parteien zur Mitwirkung an der politischen Willensbildung des Volkes ermächtigt, als eine große Errungenschaft gepriesen, mit der die Deutschen ihre ererbte Prüderie gegen das Parteienwesen endgültig überwunden hätten. Die Begeisterung ging so weit, daß man die Parteien ähnlich wie Regierung und Parlament in den Rang von Staatsorganen erhob und das Parteivolk mit dem Staatsvolk kurzerhand gleichsetzte. Inzwischen hat das Verfassungsgericht selbst eingelenkt und von der Parteienglorifizierung, die es zunächst kräftig unterstützt hatte, Abstand genommen. Aber die Korrekturen fallen schwer, denn die Parteien haben das ihnen einmal überlassene Terrain besetzt und geben es nicht wieder her. Im Parteiengesetz, das 1967 nach endlosen Mahnungen des Verfassungsgerichts zustande kam, haben sie sich selbst den Auftrag erteilt, auf allen Gebieten des öffentlichen Lebens tätig zu werden, insbesondere, wie es im Gesetzestext heißt, bei der Gestaltung der öffentlichen Meinung, bei der Vertiefung der politischen Bildung, bei der aktiven Teilnahme am politischen Leben, bei der Kandidatenauswahl sowie beim Einfluß auf Parlament und Regierung. Der vollständige Katalog konnte als eine Ermächtigungsformel verstanden werden, die zu immer neuer Landnahme einlud. So ähnlich ist es dann ja auch gekommen.

Inzwischen reicht der Einfluß der Parteien über den vom Gesetz gezogenen Kreis erheblich hinaus. Sie haben sich nicht nur weite Teile der Verwaltung unterworfen, sondern auch staatsnahe Unternehmungen wie Landesbanken, Sparkassen und die kommunalen Versorgungsbetriebe in ihre Abhängigkeit gebracht. Am bedenklichsten ist ihr Ausgriff auf Schulen und Universitäten, da Erziehung und Wissenschaft Gängeleiversuchen nahezu schutzlos ausgeliefert sind, aber auch besonders heftig reagieren, wenn sie parteipolitisch eingespannt werden. Insgesamt sind die Grundsätze der Gewaltenteilung und die Schranken, mit denen Unabhängigkeit und Sachgerechtigkeit der öffentlichen Verwaltung garantiert werden sollten, mit erstaunlicher Leichtigkeit überrannt oder unterlaufen worden. Die Parteien sind immer schon da, wenn andere erst beginnen, sie haben auf allen Bahnen ihre Stafettenläufer aufgestellt, die den Stab vom einen zum anderen weiterreichen. Es herrscht ein Klima des Mißtrauens, das durch Proporz und Patronage ständig unterhalten wird und die Ehrgeizigen dazu zwingt, sich anzupassen. All das geschieht leise, gerade deshalb aber mit um so größerem Erfolg. Ostdeutsche, die ihre Erfahrungen mit dem Machtmonopol einer einzigen Partei gesammelt haben, sprechen ironisch von der pluralistischen Variante der Parteiendiktatur.

Das ist nicht nur Polemik. Vielmehr lenkt es

den Blick auf eine Gemeinsamkeit in der Sache. Die Teilung der Gewalten ist nicht nur das älteste, sondern auch das mit Abstand wichtigste Prinzip, mit dem sich die Bürger vor Exzessen der Macht zu schützen suchten. Montesquieu hatte es im 18. Jahrhundert bei seinen Studien über das englische Verfassungsleben entdeckt, und seine folgsamsten Schüler, die Väter der amerikanischen Konstitution, hatten es schon wenige Jahrzehnte später zum alles beherrschenden Grundsatz der politischen Ordnung gemacht. Bis heute wird die Gewaltenteilung denn auch in keinem Land der Welt so sorgfältig und rigoros beachtet wie in den Vereinigten Staaten; dies unter anderem unterscheidet die Zustände in Amerika von der europäischen Tradition, die sich niemals dazu verstanden hat, in Montesquieu mehr zu sehen als einen anregenden Theoretiker. Seine Landsleute, die Franzosen, haben ihm sogar diese Ehre vorenthalten und die Gewaltentrennung, als sie zum ersten Mal die Chance erhielten, sie zu praktizieren, ausdrücklich verworfen. Die Konventsverfassung von 1793 distanzierte sich jedenfalls von Montesquieu, als sie festlegte, daß die gesetzgebende Körperschaft alle Gewalten in sich vereinigen soll. Rückschauend ist es nicht schwer, darin den entscheidenden Unterschied zur amerikanischen Entwicklung zu erkennen, denn damit wurde der Weg frei für die autoritären und totalitären Exzesse der Folgezeit.

Wahrscheinlich ist zum Schutz der bürgerlichen Freiheit kein einzelner Verfassungsgrundsatz wichtiger als die Gewaltenteilung. Gerade dazu helfen die politischen Parteien aber nicht. Ihre übermächtige Stellung hat dazu geführt, daß die Grenzen verwischt, die Fundamente unterspült und die Gewichte verschoben worden sind. Politische Entscheidungen fallen nicht mehr da, wo sie fallen sollen, im Kabinett also oder im Parlament, sondern in den Koalitionsrunden und Arbeitskreisen, die unter wechselnden Namen eingerichtet und nach Bedarf zusammengerufen werden. Abmachungen, die es dem jeweiligen Regierungspartner verbieten, sich im Parlament Mehrheiten über die Koalitionsgrenzen hinaus zu suchen, verstärken auf kaum noch verfassungskonforme Weise den Einfluß der Parteien. Günter Rexrodts brutale Feststellung, die Partei habe entschieden, der Kanzler habe das nun zur Kenntnis zu nehmen und ihn zum Minister zu ernennen, war zwar taktlos, sprach jedoch nur aus, was alle wußten, daß nämlich der Chef einer Koalitionsregierung ein Gutteil seiner Personalkompetenz verloren hat. Der Kanzler selbst gesteht das zu, wenn er die Partei das Zentrum der Macht nennt: die Partei, wie gesagt, und nicht das Regierungsamt.

Am schwersten allerdings hat das Parlament unter dem ungezügelten Machtanspruch der Parteien gelitten. Regierung, mit diesem Wort bezeichnete die ältere Staatslehre ja nicht die Exekutive, sondern zunächst und vor allem die gesetzgebende Körperschaft; sie war die oberste Gewalt im Staate und damit eben auch Regierung. Davon ist wenig übriggeblieben. Das Parlament hat sich in eine Arena verwandelt, in der die eine Seite die Exekutive bedingungslos unterstützt, während der andere Teil genauso bedingungslos dagegenhält. Der parteienübergreifende Zusammenschluß, der in Amerika bei Anlässen von nationaler Bedeutung immer wieder zustande kommt und dann als Merkmal für die Unabhängigkeit des Kongresses gefeiert wird, ist im Deutschen Bundestag die große Ausnahme. Jedes Abstimmungsergebnis, das sich nicht einigermaßen mit den Fraktionsgrenzen deckt, gilt als verdächtig und löst die Suche nach Abweichlern aus. Was ein Lebenszeichen des Parlamentarismus sein könnte, wird von den Parteistrategen wie ein Verfallssymptom bekämpft, denn nichts jagt ihnen größeren Schrecken ein als die Aussicht auf wechselnde Mehrheiten. Die Verhältnisse müssen berechenbar bleiben, eine Forderung, die für persönliche Entscheidungen des Abgeordneten nicht viel Raum läßt. Zum Hohen Hause zu gehören, ist ehrenvoll und bringt wohl auch Gewinn, ist aber längst noch nicht mit einem Anteil an der Macht verbunden.

Die große Zeit des Parlamentarismus scheint zu Ende zu gehen. Enttäuschend sind vor allem die Plenardebatten. Gewiß vollzieht das Plenum in der Regel nur nach, was das Parlament in seinen Ausschüssen selbst vorbereitet hatte; doch kann gerade das, die Verlagerung der parlamentarischen Arbeit in den nichtöffentlichen Raum, für den Verlust an Ausstrahlung nicht entschädigen. Wer die Tagesordnung kennt, kann nicht nur den Ausgang der Debatten voraussagen, sondern auch die Argumente und die Redefiguren, mit denen sich die einzelnen Abgeordneten ins Zeug legen.

Diese Vorhersehbarkeit macht aus der Politik auf weiten Strecken eine Routineübung, die zu verfolgen selten lohnt. Die beiden wichtigsten Abkommen der letzten Jahre – der Vertrag von Maastricht und der deutsche Einigungsvertrag – sind im Bundestag wie Aktenvorgänge behandelt worden, ohne leidenschaftliche und kontroverse Aussprache. Das Parlament wußte, daß es nur noch zu ratifizieren hatte, was anderswo ausgehandelt worden war und sich deswegen kaum noch ändern ließ. Tatsächlich hat der Einigungsvertrag die oberste Gewalt in einer Weise überspielt, die sich allein aus Zeitdruck nicht erklären läßt. Die beiden Verhandlungsführer, Mitglieder der Exekutive, kannten die Lage und nutzten ihre Position, um Vereinbarungen zu treffen, die unter anderen Umständen in die Kompetenz des Parlaments gefallen wären.

In seinem Vortrag über den Beruf zur Politik hat Max Weber die Sachlichkeit als die Kardinaltugend des Politikers gerühmt, die »leidenschaftliche Hingabe an eine Sache, an den Gott oder Dämon, der ihr Gebieter ist«. Wo diese Bindung an die Sache fehlt, bleibt das persönliche Fortkommen das einzige Ziel, für das der Einsatz gewagt wird. Dann wird die Politik zu einem Geschäft wie jedes andere, und es sind Spesenabrechnungen und Gehaltsansprüche, über die ein Politiker hochkommt oder stürzt. Die Parteien selbst fordern die Bürger dazu auf, sich zu engagieren, aber sie meinen damit gerade nicht die Leidenschaft für eine Sache, sondern die Bereitschaft, sich den Bewegungen des laufenden Parteibetriebs anzupassen. Profilbildung ist erlaubt, sogar erwünscht, doch nur so weit, wie sie sich an die Regeln der innerparteilichen Machtverteilung hält. Das Ganze läuft auf eine doppelte Beschränkung hinaus, auf Unterwürfigkeit im Weltanschaulichen und auf Spezialisierung im Fachlichen. Es zwingt die Politiker, sich auf weniges zu konzentrieren, und macht die Distanzlosigkeit, für Weber eine der Todsünden der Politik, zur wichtigsten Voraussetzung für den Erfolg.

Wenn ein Parteipolitiker erhalten hat, was er vor allem wünscht, ein öffentliches Amt nämlich, führt er es so, wie er es erlernt hat – parteiisch also oder doch parteilich. Die enge Bindung an die Klientel, der er seinen Aufstieg verdankt, bestimmt den Alltag im Beruf. Auf diese Weise wird der Sozialminister zum Schutzherrn der Rentner, der Verkehrsminister zum Repräsentanten der Autofahrer, der Innenminister zum Protektor des Öffentlichen Dienstes. Ein Amtsverständnis, das sich an übergeordneten Gesichtspunkten orientiert, sich einem wie auch immer umschriebenen Gemeinwohl verpflichtet fühlt, ist mit den harten Realitäten des interessengesteuerten Parteienstaates schwer vereinbar. Ein ausländischer Beobachter erklärte sich das unzureichende Format vieler Regierungsmitglieder mit dem Umstand, daß die Gaben, die man braucht, um ein Amt zu erreichen, offenbar nicht dieselben sind wie die, die man nötig hat, um es zu führen. Das ist das Dilemma, in dem sich der Parteibetrieb gefangen hat: Er bringt die falschen Leute an die Spitze. Weil es so wichtig ist, eine herausgehobene Stellung zu erobern, ist es so schwer, sie überzeugend auszufüllen.

In Deutschland treten diese Verzerrungen besonders kräftig zutage, weil die Machtstellung, die sich die hiesigen Parteien erworben haben, im internationalen Vergleich ohne Beispiel ist. In Frankreich erinnern die Parteien immer noch an die politischen Clubs der Revolutionszeit, aus denen sie ursprünglich einmal hervorgegangen sind. Da ihre Größe und ihre Zusammensetzung wechselt, bilden sie ein unsicheres Fundament für die Macht, die deshalb anderswo errungen und verteidigt werden muß. Der Leader im britischen Unterhaus ist in seiner umfassenden Machtfülle einem deutschen Parteiführer sicherlich vergleichbar; er unterscheidet sich von ihm jedoch dadurch, daß er parlamentarisch legitimiert ist, nicht durch den Parteitag. Das schafft nicht nur andere Einflußmöglichkeiten und andere Abhängigkeiten, sondern verändert auch das öffentliche Bewußtsein von den Quellen der Macht. In beiden Ländern haben die Parteien nicht annähernd das Gewicht, das ihnen in Deutschland zufällt.

Erst recht gilt das natürlich für die Vereinigten Staaten von Amerika, wo sich die Parteien ohnehin nach einem anderen Muster entwickelt haben als auf dem alten Kontinent. Die Tatsache, daß in der Bonner SPD-Zentrale fast doppelt so viele Menschen beschäftigt sind wie im Hauptquartier der amerikanischen Demokraten, ist eben nicht nur statistisch, sondern auch verfassungspolitisch von Interesse, denn es zeigt, wer in der Politik den Ton angibt. Von allen vergleichbaren Staaten des Westens hatten es nur die italienischen Parteien zu einer noch umfassenderen Herrschaft gebracht als in Deutschland. Italien aber ist ein ärgerliches Vorbild, denn es war ja gerade ihre Omnipotenz, die den Staat in jene beispiellose Krise gestürzt hat, in der die Parteien schließlich selbst untergegangen sind.

Betrachtet man die Dinge aus der Sicht des

Bürgers, so braucht er, um sich vom Versprechen der Demokratie nicht geprellt zu fühlen, mindestens eine von zwei Wahlmöglichkeiten, die zwischen Personen oder die unter Programmen. Die englischen und die französischen Parteien haben, der europäischen Tradition folgend, das Programmatische gepflegt. Sie profilieren sich dadurch, daß sie für oder gegen die Aufrüstung sind, für oder gegen die Gewerkschaften, für oder gegen die Europäische Union. Amerika ist den anderen Weg gegangen. Weil Richtungskämpfe selten sind, konzentriert sich das Interesse der Wähler in einer für den europäischen Geschmack weit übertriebenen Weise auf die Kandidaten. Statt sich von der Partei etwas vorschreiben zu lassen, sind sie es, die sich den Apparat gefügig machen und höchstpersönliche Akzente setzen. Sie bestimmen die Inhalte und beherrschen mit ihrem individuellen Temperament das politische Leben.

Deutschland ist das einzige Land, das seinen Bürgern die Wahl sowohl in der einen als auch in der anderen Form schwermacht. Im Programmatischen haben sich die beiden großen Parteien so weit angenähert, daß Richtungsunterschiede nur noch mit Mühe zu erkennen sind. Seit ihrem Godesberger Parteitag von 1959 galt für die SPD das Abschleifen von Ecken und Kanten als das sicherste Verfahren, um sich auf den Regierungswechsel vorzubereiten. Diese Tradition herrscht ziemlich ungebrochen vor, bis heute. Die Folge ist, daß die Deutschen in politischen Kardinalfragen entweder keine Wahl mehr haben oder vor Alternativen stehen, die sich wie in der Pflegeversicherung auf technische Einzelheiten beschränken. Der Pragmatismus der Berufspolitiker verbindet sich mit ihrem alten Mißtrauen gegen das Volk zu einem Geist ängstlicher Entschlossenheit, gegen den die Wähler nicht viel ausrichten können. Hannah Arendt, die sich, die amerikanische Praxis vor Augen und die Erinnerung an die Antike im Kopf, von der Volksherrschaft eine emphatische Vorstellung bewahrt hatte, ist ihr Leben lang nicht müde geworden, das Parteienmonopol als einen Verstoß gegen den Geist der Demokratie zu kritisieren. Indem sie darüber befänden, wer zugelassen wird und wer nicht, betätigten sich die Parteien »nicht mehr als Organe der Volksmacht, sondern vielmehr als die sehr wirksamen Hilfsmittel, durch welche eben diese Macht des Volkes eingeschränkt und kontrolliert wird«. In ihren Augen handelte es sich beim Repräsentativsystem in seinen neuzeitlichen Formen in Wahrheit um eine Oligarchie, die Herrschaft der Parteien.

Wenn das richtig ist, bringen die Parteien das Gegenteil dessen zustande, was ihnen die Verfassung aufgegeben hat. Statt das Volk an die Politik heranzuführen, halten sie es vom öffentlichen Leben fern. Um sie aus ihrer Schlüsselstellung zu

44

vertreiben, müßten die Wahlchancen auf beiden Ebenen, im Programmatischen und im Personellen, erweitert oder wiederhergestellt werden. Ein Mittel dazu wäre der Gebrauch plebiszitärer Elemente, die ja weniger durch die Verfassungstexte selbst als durch die eigennützige Interpretation der Parteien zurückgedrängt worden sind. Begründet wird das mit der Notwendigkeit, aus der Geschichte zu lernen. Doch die Geschichte, zumindest diejenige der Weimarer Republik, enthält eine etwas andere Lehre, denn von den Volksbegehren dieser Zeit ist kein einziges erfolgreich durchgekommen. Die erste deutsche Demokratie ist gerade nicht an den exzessiven Leidenschaften des politisch unreifen Volkes gescheitert, sondern an dem Unvermögen der politischen Parteien, der notleidenden Republik zu Hilfe zu kommen. Das letzte parlamentarisch legitimierte Kabinett, die große Koalitionsregierung unter dem sozialdemokratischen Reichskanzler Hermann Müller, brach 1930 auseinander, weil sich die Rechten und die Linken nicht einig werden konnten über den Weg, auf dem die staatliche Arbeitslosenversicherung von ihren Zahlungsschwierigkeiten zu befreien war. Leistungen zu kürzen, um bei den Ausgaben zu sparen, erschien den Parteien, die ihre Wähler nicht verlieren wollten, schon damals als ein unzumutbares Wagnis. Wenn aus dem Untergang der Weimarer Republik etwas zu lernen ist, dann also Skepsis gegenüber den Parteien.

Der Allzuständigkeit des Staates Grenzen zu setzen, ist offenbar ein Ziel, für das nur die Wähler selbst gewonnen werden können und das sie, wenn ihnen die Möglichkeit dazu gegeben wird, auch tatsächlich belohnen. 1978 haben die kalifornischen Bürger einer Vorlage zugestimmt, die der Regierung jede weitere Erhöhung der staatlichen Ausgaben verbot. Das Resultat wurde als ein historisches Ereignis gefeiert, das den Ruf nach einem schlanken Staat, der Ronald Reagan schließlich ins Amt trug, zum erstenmal attraktiv machte. Reagan profitierte von dieser plebiszitären Stimmung, als er sich, um seine Steuerreform durchzusetzen, über die Köpfe der administrativen Besitzstandswahrer hinweg direkt ans Volk wandte. Ähnliche Beispiele gibt es in den süddeutschen Gemeinden, wo die Bürgermeister Ausgabendisziplin nicht nur versprochen, sondern auch gewahrt haben. Bedingung dafür war, daß sie ihr Mandat unmittelbar vom Volk erhielten; denn das Volk ist weniger träge und begehrlich, als der Apparat von hauptamtlichen und nebenamtlichen Parteifunktionären wahrhaben will. Gegen diese Verteidiger des *ancien régime* kamen die direktgewählten Bürgermeister nur deshalb zum Zuge, weil sie über eine Legitimationsbasis verfügten, die unabhängig war vom Wohlwollen der Parteiführung.

Solche Beweise von Eigenständigkeit und Unabhängigkeit sind einem Parteipolitiker suspekt.

Schon der Versuch, die Wähler gegen die mächtige Schicht der Statthalter und Stellvertreter aufzubieten, gilt als Populismus, und Populismus ist natürlich Sünde. Als die Schweizer es kürzlich wagten, sich in einem Referendum der europäischen Verkehrspolitik in den Weg zu stellen, war der deutsche Bundesverkehrsminister empört. Er sprach von Vertragsbruch und drohte ganz unverhohlen mit Gegenmaßnahmen. Daß das Votum der Schweizer Wähler gegen den schnell zunehmenden Verkehr mit überschweren Lastkraftwagen der Sache nach berechtigt und in der Form korrekt war, schien ihn nicht weiter zu kümmern. Ein deutscher Verkehrsminister ist es eben nicht gewohnt, öfter als alle vier Jahre nach dem Willen der Wähler zu fragen, nach dem von Schweizer Wählern schon gar nicht. Er fühlt sich belästigt, wenn er erfährt, daß das Volk als Souverän etwas anderes will als er, sein Vormund und Verwalter. Da er an keiner Transitstraße wohnt und auf seinen Dienstreisen den Hubschrauber bevorzugt, kann er die häßliche Wirklichkeit ignorieren. Was weiß er schon von dem Verkehr, für den er nominell zuständig ist?

Es hat sich eingebürgert, den Kreis von Leuten, die das öffentliche Leben beherrschen, als politische Klasse zu bezeichnen. Dieser Begriff ist allerdings irreführend, denn er läßt an eine Herrenschicht denken, die auf dem Kutschbock sitzt und das Volk am Zügel vor sich herführt. In Wahrheit steht die politische Klasse aber nicht über der Gesellschaft, sondern eher neben ihr. Sie bildet eine profane Kirche, in der nach dem Feudalprinzip Ämter und Pfründe vergeben werden. Anders als im Feudalwesen, in dem die Lehen lebenslang ausgetan wurden, können die öffentlichen Ämter im Parteienstaat aber nur auf Zeit verliehen werden. Deswegen müssen die Beziehungen gepflegt und überwacht und alle paar Jahre neu abgesprochen werden. Es entsteht ein permanenter Druck, der die Abhängigkeiten verstärkt.

Niemand ist geschickter in der Kunst, solche Abhängigkeiten herzustellen und auszunutzen, als Helmut Kohl. Seine unangefochtene Stellung an der Spitze der Partei beruht auf seiner Fähigkeit, politische Fragen in Machtfragen zu verwandeln und Machtfragen als Personalfragen zu entscheiden. Einer seiner engsten Vertrauten erklärt unumwunden: »Helmut Kohl ist die CDU.« Und er kann sicher sein, daß dies als Lob verstanden wird.

Die Parteien bilden die große Welt noch einmal im kleinen ab. Sämtliche Eigenschaften, nach denen sich die Bürger unterscheiden, Beruf und Alter, Geschlecht und Konfession, werden von ihnen aufgegriffen und in eine neue, herrschaftskonforme Ordnung gebracht. Mit ihren Arbeitskreisen und Sympathisantengruppen durchdringen die Parteien Staat und Gesellschaft auf eine so umfassende Weise, daß sich manche an das totalitäre Grundmuster erinnert fühlen, das die Deutschen besser kennengelernt haben als andere Völker. Denn auch die demokratischen Parteien wollen die vorhandene Ordnung ja nicht eigentlich befestigen, sondern in Teile aufspalten, die sie nach eigenem Bedarf dann wieder zusammensetzen. Das ist der letzte Grund für die verbreitete Abwendung von der Politik.

Der Bürgermeister einer großen deutschen Stadt, zugleich Spitzenkandidat seiner Partei, hat bestätigt, daß die Wähler zwischen Partei und Staat genau zu unterscheiden wissen. Als Amtsinhaber, erzählte er, bekomme er einen freundlichen Händedruck, wenn er jedoch als Parteichef erscheine, dann gehe es ihm an die Wäsche. Offenbar haben sich die Bürger ihren Respekt vor den staatlichen Institutionen bewahrt. Sie sind indessen mißtrauisch gegen die Kräfte, die den Staat und das gesamte öffentliche Leben so vollständig in ihre Gewalt gebracht haben.

Gefangen im sozialen Netz

Man hat das gegenwärtige Zeitalter, im Gegensatz zu seinem bürgerlichen Vorgänger, als das sozialdemokratische Jahrhundert bezeichnet. Tatsächlich waren die meisten gesellschaftlichen Neuerungen – ziemlich unabhängig davon, welche politische Kraft sie auf den Weg gebracht hatte – vom Geist des sozialen Aufbruchs inspiriert. Ein Wahlaufruf, den die SPD im Jahre 1904 verteilen ließ, diente fast hundert Jahre lang als eine Art parteiübergreifendes Aktionsprogramm. Die Arbeiter, hieß es dort, würden einst in eigenen Wagen fahren, auf eigenen Schiffen die Meere durchkreuzen, die Alpen ersteigen und durch die Gelände des Südens schweifen. »Ihr saust mit einem Luftgespann über die Erde im Wettflug mit den Wolken, Winden und Stürmen dahin. Nichts wird euch mangeln, keine irdische Pracht der Erde gibt es, die euer Auge nicht schaut. Was je nur euer Herz ersehnt, was euer Mund erwartungsschauernd in stammelnde Worte kleidet, das werdet ihr besitzen.« In solchen Aussichten erkannte der Wahlaufruf das zeitgemäße Evangelium, die endlich nahende

Vollendung des allgemeinen Menschenglücks auf Erden.

Die Prophezeiung hat sich erfüllt und sogar übererfüllt. Die Ziele sind immer exotischer geworden; der Aufwand, den man treibt, um sie zu erreichen, hat sich vervielfacht. Nur von den Schauern der Erwartung und von stammelnden Worten angesichts der überwältigenden Naturschönheiten würde man heute nicht mehr so reden wie vor neunzig Jahren. Der erfüllte Traum hat das Glück entzaubert, und der hymnische Tonfall, in den die sozialdemokratischen Parteifunktionäre verfallen waren, ist einer Geschäftsführermentalität gewichen, die das Abenteuer zum versicherungspflichtigen Rechtsanspruch herabstuft. Es herrscht eine Ausverkaufsstimmung, die systematisch nach den letzten Paradiesen sucht, um sie für den Verkehr zu öffnen und »in Wert zu setzen«, also zu ruinieren.

Der Grundsatz, nach dem der sozialdemokratische Wohlfahrtsstaat geplant und eingerichtet worden ist, war der Wunsch, die Freiheit materiell abzusichern. Solange die soziale Not den meisten noch vor Augen stand, wurde man daran erinnert, daß der Gebrauch der Freiheitsrechte Möglichkeiten voraussetzt, die nur wenigen offenstanden. Vergessen wurde dabei allerdings, daß die guten Dinge, die der Sozialstaat zu verteilen hatte – Gesundheit also, Versorgungssicherheit, Wohlstand im Alter –, auch im besten Fall hinter den Erwartungen zurückbleiben würden. Das hatte auch der britische Sozialminister übersehen, als er 1948 bei Einführung des staatlichen Gesundheitsdienstes in vollem Ernst die Hoffnung äußerte, nach ein paar Jahren sozialstaatlicher Intervention würden die Engländer im großen und ganzen gesund sein. Gerade das wurden sie natürlich nicht, denn die Gesundheit ist kein Zustand, der sich eindeutig definieren läßt. Als solcher wurde sie nur von den Sozialpolitikern verstanden, die sich in der Weltgesundheitsorganisation darauf geeinigt hatten, Gesundheit als das vollständige physische, seelische und soziale Wohlbefinden der Menschen zu begreifen. Das war die letzte Utopie, die Utopie des Wohlfahrtsstaates. Statt die Ansprüche zu begrenzen, wurden sie belebt und angestachelt, so daß sich der Sozialstaat schließlich selbst um jede Aussicht brachte, sein ehrgeiziges Ziel zu erreichen. Im Gegenteil nährte er die Enttäuschung, da die Ansprüche schneller wuchsen als die naturgemäß begrenzten Kräfte, sie zu stillen.

Doch der Sozialstaat scheint dazu verurteilt zu sein, das Rennen, auf das er sich eingelassen hat, auch dann fortzusetzen, wenn er weiß, daß er es nicht mehr gewinnen kann. Um immer neue Besitztitel auszugeben, ohne die alten einziehen oder auch nur schmälern zu müssen, ist er auf Wachstum angewiesen. Er ist so eingerichtet, daß er aus Fehlern kaum noch lernen kann, denn ebensooft, wie die Grenzen des öffentlich garantierten Wohlfahrtswesens befestigt wurden, sind sie auch wieder eingerissen worden. Der Drang, in die alte, falsche Richtung weiterzumarschieren, scheint unwiderstehlich zu sein. Gewiß war die staatliche Rentenversicherung ein gewaltiger Erfolg, aber gerade weil sie so erfolgreich war, hat sie den Menschen eben nicht nur den sicheren Ruhestand beschert, sondern auch eine steigende Lebenserwartung und altersbedingte Leiden aller Art.

Daraus entstand der nächste Akt der staatlichen Betreuungspolitik, die Pflegeversicherung. Da sie öffentlich garantiert ist, wird sie dieselben üppigen Besitzstände entstehen lassen, die aus der Kur- und Bäderindustrie einen konjunktursicheren Geschäftszweig gemacht haben, der gegen Dämpfungsmaßnahmen weitgehend immun ist. Die Konstrukteure des Sozialstaates handelten wie Eos, die griechische Göttin der Morgenröte, die für ihren jugendlichen Geliebten Tithonos die Unsterblichkeit erwirkt hatte. Als Beigabe des ewigen Lebens die ewige Jugend zu erbitten, hatte sie allerdings vergessen, und so verwandelte sich ihr ehemaliger Liebling mit der Zeit in einen nörgelnden Alten, der sterben wollte, aber nicht durfte.

Anders als von der Politik verkündet, hat sich die Rentenversicherung, der Eckpfeiler des Wohlfahrtsstaates, eben nicht bewährt. Sonst nämlich wäre die nächste Stufe gar nicht nötig gewesen. Von Bewährung sprechen nur die Versicherungsvertreter, die ihr Werk verteidigen müssen und mit der staatlich garantierten Pflege nun den Fehler wiederholen, der die Rentenversicherung in Kalamitäten gebracht hat. Sie bleiben bei ihrem alten Grundsatz, den Jüngeren zu nehmen, was sie zur Versorgung der Älteren brauchen, ein Prinzip, das vernünftig war, solange zwischen den Gebenden und den Empfängern ein ungefähres Gleichgewicht bestand. Diese Balance ist jedoch gerade durch die Rentenversicherung, die den Menschen die Möglichkeit eröffnete, von anderen versorgt zu werden, ohne selbst für andere gesorgt zu haben, endgültig außer Kraft gesetzt worden. Man will nicht wahrhaben, daß es im Leben nicht bloß eine, sondern zwei Phasen gibt, in denen der Mensch auf Hilfe angewiesen ist, und daß, wer die Wohlfahrt im Alter öffentlich verbürgen will, dasselbe auch für die Jugend tun muß. Das allerdings betrachten die Prokuratoren des Sozialstaates als eine Zumutung. Für sie erschöpft sich ihr Auftrag darin, den Ausgleich zwischen zwei Generationen zustande zu bringen, den Aktiven und den Rentnern; die dritte Generation bleibt sich selbst überlassen. Jeder Sportverein weiß, daß er sich heute um den Nachwuchs kümmern muß, wenn er morgen noch bestehen will. Nur der mit Abstand größte Verein des Landes, die staatliche Rentenversicherung,

54

glaubt nach wie vor, diese Regel mißachten zu dürfen. Sie benimmt sich wie ein Bauer, der in der Not beschließt, das Saatgetreide zu vermahlen.

Das wichtigste Angebot, das die moderne Sozialverfassung den Bürgern macht, ist die Möglichkeit, den lästigen Aufwand für die Kinder zu sparen, ohne damit die Aussicht auf einen standesgemäßen Lebensabend zu verlieren. Im Gegenteil: Wer mit dem Strom schwimmt, wird gleich zweimal belohnt, zunächst durch ein höheres Berufseinkommen und später dann, im Alter, durch eine Rente, die um das Zehn- oder Zwanzigfache über dem liegt, was eine Mutter zu erwarten hat. Die Kinder müssen nicht nur für ihre eigenen Eltern aufkommen, sondern auch für eine unbekannte, aber ständig wachsende Menge von Leuten, die den Witz des Systems verstanden haben und da ernten, wo sie nicht gesät haben. In einer auf Selbstverwirklichung und den Genuß der Gegenwart eingeschworenen Zeit ist das eine Chance, die sich die wenigsten entgehen lassen. Diese Schieflage, die ganz entscheidend zum grotesk verzerrten Altersaufbau in Deutschland beigetragen hat, wird beständig weiter verschärft. Der Reiz, auf Kinder zu verzichten, nimmt zu, und so manövriert sich der Sozialstaat in eine immer aussichtslosere Lage. Er scheint konstitutionell unfähig zu sein, aus den Mißgriffen der Vergangenheit zu lernen. Deshalb muß er sie ständig wiederholen.

Beurteilt nach den Spielregeln, die in der Politik gelten, ist dies Vorgehen vernünftig. Die Zeiträume, in denen sich das Schicksal des Systems entscheidet, sind eben andere als die, nach denen ein Politiker kalkuliert. Wer in Legislaturperioden mißt, ist immer in Versuchung, langfristige Interessen seinen kurzatmigen Berechnungen unterzuordnen und alle großen Fragen auf das ihm zugängliche Maß zu verkürzen. Gut bezeugt ist ein Wortwechsel zwischen Konrad Adenauer und den Beratern, die 1957 dem Kanzler eine verstümmelte Version der Rentenreform einzureden versuchten. Der ursprüngliche Plan, zwei Kassen einzurichten und der Rentenversicherung eine Kinderversicherung zur Seite zu stellen, war kurzfristig aufgegeben worden, da die Leute, wie Adenauer meinte, die Kinder sowieso bekämen. Als er dann, mißtrauisch wie er war, wissen wollte, was denn geschehe, wenn das Vorhaben mißlänge und das Gleichgewicht zwischen den Altersklassen nachhaltig gestört werden würde, bekam er die zweideutige Antwort: »Dann sind Sie nicht mehr Bundeskanzler.« Darin lag beides: das Eingeständnis, daß die Rentenversicherung in ihrer damals etablierten Form auf Dauer nicht haltbar war, und der Trost, daß der Zeitpunkt des Offenbarungseides noch so weit in der Zukunft liegen werde, daß Adenauer selbst nichts mehr zu befürchten hatte.

Für seine Nachfolger indessen gilt das nicht

mehr. Für sie rückt das ominöse Datum, an dem die Renten nicht mehr sicher sind, immer näher. Dennoch bleiben alle Rettungsversuche halbherzig. Keiner der Reformer hat sich bisher an den Versuch gewagt, das *proton pseudos*, den Webfehler des Ganzen, aufzudecken und zu heilen. Sie wollen nur Zeit gewinnen, da sie die Zukunft, die sie den Menschen unentwegt versprechen, nach ihren eigenen Ambitionen bemessen.

Solange die soziale Sicherheit an der bezahlten Arbeit hängt, bleibt nur ein Weg, den Bürgern ihre Zukunftsangst zu nehmen. Man muß Arbeit schaffen, weil nur Arbeit Sicherheit verspricht, und so gerät der Arbeitsmarkt, für den der Staat formell gar keine Zuständigkeit besitzt, ins Zentrum der Politik. Gebracht hat sein immenser Einsatz allerdings wenig, weil der Staat mit der einen Hand immer wieder nahm, was er mit der anderen gegeben hatte. Um zahlungsfähig zu bleiben, verlangte er laufend höhere Abgaben und trug dadurch auf seine Weise dazu bei, daß qualifizierte Beschäftigung schier unbezahlbar wurde und die Arbeitslosigkeit wuchs. Das Dilemma hat die Regierung in eine Lage gebracht, aus der sie sich ohne offenen Betrug am Bürger nicht mehr befreien kann. Die Schlußphase der Pflegeversicherung geriet zu einem gesetzgeberischen Delirium, in dem nur noch der Wunsch erkennbar war, die Sache irgendwie zu Ende zu bringen. In zwei entscheidenden Punkten – der Kompensationsfrage und der Beitragshöhe – wich der Bundestag aus. Er schob die Entscheidung den Länderparlamenten zu und versteckte sich hinter der Autorität von Sachverständigen, die in der Verfassung gar nicht vorgesehen sind. Deutlicher hätte die Legislative nicht machen können, in welche Agonie ein Staat gerät, der Kompetenzen an sich zieht, die ihn am Ende überfordern.

Nachdem sie sich einmal darauf eingelassen hatte, mußte sich die Politik vor den Forderungen, die sie selbst großgezogen hatte, immer tiefer verneigen. Das Sozialwesen begünstigte die Alten so lange, bis sie zu einem wahlentscheidenden Block wurden, dessen Interessen nur noch um den Preis des Machtverlustes mißachtet werden konnten. Daß die Zukunft im Altenmarkt liegt, hatten die Ökonomen schon vor langer Zeit erkannt; einige haben daraus auch die richtigen Schlüsse gezogen und an Kuranlagen, Rehabilitationskliniken und Seniorenresidenzen gut verdient. Das wollten die Parteien auch. Sie gründeten Arbeitskreise und Beiräte für Senioren und umwarben die neue »Zielgruppe« mit der Behauptung, das Alter, nicht die Jugend habe Zukunft. In Wahrheit liegt beim Alter selbstverständlich nicht die Zukunft, sondern bloß die Mehrheit. Womit sich eine Frage stellt, die bisher noch keine Demokratie zu beantworten hatte: wie eine auf Mehrheitsentscheid gegründete Staatsform überleben kann, wenn die Majorität bei Leuten liegt, die den größten Teil ihres Lebens schon hinter sich haben und an die Zukunft mit anderen und kühleren Gefühlen denken als die Jugend. Diese Frage wird von den Parteien weder gestellt noch beantwortet, sondern mit lautem Tamtam übertönt. Daß sie damit erfolgreich sind, ist allerdings unwahrscheinlich; denn auf Dauer wird sich die Jugend ihre Chancen nicht nehmen lassen und sie auch gegen den Widerstand der Mehrheit durchsetzen. Für den Sozialstaat wird sie wenig Zuneigung aufbringen, denn sie wird den Begriff mit einem Gemeinwesen verbinden, das die Bürger unter Solidaritätsappellen gegeneinander aufbringt.

Den Staat für die soziale Sicherheit seiner Bürger verantwortlich zu machen, war eine Idee Bismarcks. Was ihn dazu brachte, war weniger Menschenfreundlichkeit als Machtbewußtsein: Die Arbeiterschaft galt als Dauerklientel der Sozialdemokratischen Partei Deutschlands, und das sollte nicht so bleiben. Um sie für das neue Kaiserreich zu gewinnen, begründete er ein Protektorat mit überschaubaren Grenzen und eng beschriebener Zuständigkeit, das in Fällen der Not bescheidene Hilfe leisten sollte. Elementare Risiken wie Krankheit oder Altersarmut wurden so versichert, daß sie zwar spürbar blieben, das Leben aber nicht mehr ruinieren konnten.

Das hat sich in den hundert Jahren, die seitdem vergangen sind, gründlich geändert. Im Laufe dieser Zeit ist der Wohlfahrtsstaat zu einer Maschinerie geworden, die das ganze Volk einspannt, alle Lebensbereiche umfaßt und gerade dadurch die Risiken, gegen die sie ursprünglich einmal Schutz bieten sollte, nun ihrerseits hervortreibt. Wahrscheinlich wären Pflegesätze von fünfhundert Mark am Tag, wie sie in vielen deutschen Krankenhäusern üblich sind, niemals auch nur erwogen worden, wenn die Versicherten selbst zu zahlen hätten. Sie wurden hingenommen, weil der einzelne über die Kosten, die er verursachte, gar nichts mehr erfuhr und insgeheim vielleicht sogar dankbar war, wenn er einen Teil dessen, was er für andere geleistet hatte, auf diesem Wege wieder zurückholen konnte. Bei festem Einsatz ist der üppige Verbrauch nun einmal die einzige Möglichkeit, sich wirtschaftlich zu verhalten.

Durch solche Nebenfolgen hat das Vertrauen in die Gerechtigkeit des Sozialstaats gelitten, und dieser Verlust trifft alle. Im Ernst wagen heute nicht einmal mehr die professionellen Verwalter des Systems zu behaupten, daß das Verfahren zweckmäßig sei und sich das alte Ziel der Caritas mit ihm erreichen lasse. Der bürokratische Wohlfahrtsstaat hat es längst aufgegeben, nur den Bedürftigen zu helfen; er dient allen und verliert seine ursprüngliche Verpflichtung dabei langsam aus dem Blick. Daß gerade die Allgemeinen Ortskrankenkassen, die Krankenversicherung der kleinen Leute, mit ihren Beitragssätzen an der Spitze liegen, zeigt immerhin, wie schnell aus fürsorglicher Vernunft sozialpolitischer Unsinn werden kann. Wer diesen Mechanismus erkannt hat, wird alle Solidaritätsparolen in den Wind schlagen und seine Energie darauf richten, jedenfalls persönlich einen guten Schnitt zu machen. Zwischen dem, was ihm der Sozialstaat erlaubt, und dem, was ausdrücklich verboten ist, hat sich ein breiter Raum des legalen Mißbrauchs aufgetan, der nicht mehr die Bedürftigkeit belohnt, sondern das Talent, die Schwächen des Systems zu entdecken und auszubeuten. Was die soziale Obrigkeit mit ihren ständigen Eingriffen anrichtet, wen sie begünstigt und wen sie bestraft, übersieht sie inzwischen selbst nicht mehr, denn die gewaltigen Umverteilungsströme, die sie fortwährend in Bewegung hält, fließen unterirdisch. Vor Jahren hat eine Bundestagskommission ihren Versuch, der Transfertätigkeit des Staates nachzugehen und das Ergebnis zu bilanzieren, einigermaßen ergebnislos aufgegeben. Was sie zutage förderte, kannte man auch schon vorher, und was man wissen wollte, die Auswirkung im Einzelfall, blieb so dunkel wie eh und je. Oswald von Nell-Breuning, der das System kannte, hat dessen perverse Logik drastisch formuliert: »Wie können wir das so finanzieren, daß derjenige, der es bezahlt, es nicht merkt, oder daß man überhaupt nicht weiß, bei wem die Bezahlung hängenbleibt«: das sei das stille Leitmotiv der deutschen Sozialpolitik. Es ist jahrzehntelang so gründlich variiert worden, daß die Meister selbst den Durchblick verloren haben.

Trotz seiner Übermacht, die alles unter oder neben sich verdrängt, nimmt der Interventionsstaat für sich in Anspruch, nur dort einzugreifen, wo niemand sonst bereitsteht. Das ist der Sinn des Subsidiaritäts-Dogmas, das er zum Zweck der Selbstentlastung vor sich her trägt. Glaubwürdig ist das nicht, denn in Wahrheit drängt sich die Sozialbürokratie überall nach vorn und zerstört mit ihrer überlegenen Finanzkraft die kleinen Netze, die sie angeblich schonen will. Im Zweifel hat die große Einheit Vorrang, nicht die kleine, wie Norbert Blüms öffentlicher Angriff auf die berufsständischen Versorgungswerke erst jüngst wieder gezeigt hat. Der Favorit des Sozialstaats ist nicht die autonome Gemeinschaft, die sich ihrer Mitglieder in allen Lebenslagen möglichst umfassend annimmt, sondern die Interessenvertretung, die sich irgendeinem Einzelzweck verschreibt. Gewicht und Stimme haben die gut organisierten Verbände, die mit ihren Mitgliedern die Straßen blockieren und die Grenzen sperren können. Gegen sie fallen die eigentlichen Träger des Sozialen, die kleinen und gewachsenen Kommunitäten, immer weiter zurück. Als ein versachlichter ökonomischer Kosmos, dem die Lieblosigkeit, wie Max Weber einmal gesagt hat, von der Wurzel anhaftet, hat der Sozialstaat Verständnis für alle, die gut rechnen können. Für das Wesen des Sozialen, die Caritas, fehlt ihm dagegen der Sinn.

Sieht man genau hin, dann trägt der Sozialstaat seinen Namen zu Unrecht. Seine Menschlichkeit, die Blüm so gern im Munde führt, ist nicht viel mehr als ein Werbeetikett der zuständigen Verwaltung. Die Rentenversicherung hat jedenfalls, als sie die Kinderlosigkeit belohnte und das Ausnahmeschicksal des Einzelkindes zur gesellschaftlichen Regel machte, zur Menschlichkeit nichts Wesentliches beigetragen. Sie fördert den Typ des alleinstehenden, des ungeselligen Menschen, der sich in nichts auf seine Nachbarn verläßt, weil er auf Zuwendung von oben baut. Daß die zahlreichen Fäden, die ihn an die anonymen Instanzen der Wohlfahrtsbürokratie fesseln, abhängig machen, abhängiger als ein inniges Verhältnis zu ein paar lebendigen Menschen, will er nicht einsehen, und die Ämter, die ihn wie eine Marionette durchs Leben führen, tun alles, um ihn in diesem Irrglauben zu bestärken. Vielleicht bedarf es einer anderen als der spezifisch deutschen Tradition, um den Freiheitsverlust zu bemerken, der mit dieser Politik verbunden ist. André Gorz, ein Sprecher der französischen Linken, hat dem Sozialstaat vorgeworfen, das genaue Gegenteil der libertären Sehnsucht nach individueller und kollektiver Emanzipation zu sein. »Statt die Macht der Menschen über ihr Leben zu erweitern, unterwirft sie der Wohlfahrtsstaat parallel zum Kapital seiner eigenen Macht«, meint Gorz. Für die Sicherheit, die er gewährt, raube er den Bürgern ihre Autonomie.

Es gibt nur ein soziales Reservat, das von der Einmischung des Staates weitgehend frei geblieben ist: die Unterhaltsverpflichtungen, die Eltern mit ihren Kindern und diese umgekehrt mit ihren Eltern verbinden. Wie ein Relikt aus der Zeit des Naturzustandes ragt dieses Rechtsverhältnis in die Betonlandschaft des modernen Sozialstaats hinein. Der Gesetzgeber hat es versäumt, das alte mit dem neuen Recht in Einklang zu bringen und die persönliche Verpflichtung mit der gesellschaftlichen zu verrechnen. Die Folge ist, daß die allgemeinen Versorgungslasten zu den privaten hinzugekommen sind und den Familienstatus vollends unattraktiv gemacht haben. Kinder haben neben den vielen anderen, die Mitglieder der Versicherung sind, auch ihre eigenen Eltern zu versorgen. Werden sie bedürftig, so holt sich der Staat von den Kindern zurück, was er für ihre Eltern vorgeschossen hatte. Je mehr Kinder einer großgezogen hat, desto besser für das Sozialamt, weil sich, wie es ein Bundesrichter ausdrückt, auch bei geringem Einkommen von jedem Kind ein paar Hunderter abzwacken lassen. Wenn die Familie, die sowieso schon einen schweren Stand hat, unter dieser doppelten Last in die Knie geht, wird das als überfälliger Beweis für ihre oft beschriebene Funktionsunfähigkeit verstanden, und die Sozialbeamten fühlen sich dazu aufgerufen, sich selbst an den Platz zu setzen, der früher Eltern, Freunden und Verwandten zustand. Der Gedanke, daß sie selber Ursache für den Niedergang der Familie sein könnten, hat in ihrem Weltbild keinen Platz.

Dahinter steht der in allen Demokratien übermächtige Wunsch nach Gleichheit. Die Unterschiede zwischen den Bürgern sollen abgeschliffen werden, und das scheint ohne den ständigen Zugriff des Staates nicht möglich zu sein. Aber aus ganz Gleichen, hat schon Aristoteles bemerkt, läßt sich kein Staat bilden. Er wußte, daß Unterschiede auch verbinden können, und er ahnte zumindest, daß die radikale Gleichheit trennt. Später war es vor allem Tocqueville, der auf solche Überlegungen zurückkam. Über die Zukunft der demokratischen Staatsform dachte er vor allem deshalb so skeptisch, weil er an die wohltätige Wirkung zunehmender Gleichheit nicht glauben mochte. Die Demokratie, schrieb er, läßt den einzelnen seine Ahnen vergessen, »sie verbirgt ihm seine Nachkommen und trennt ihn von seinen Zeitgenossen. Sie führt ihn ständig auf sich selbst zurück und droht, ihn schließlich in der Einsamkeit seines Herzens zu verschließen«.

Verwaltung statt Politik

In ihren nationalen Feiertagen bewahren die Völker das Andenken an ihre Geschichte. Sie dienen der Verständigung nach innen und der Darstellung nach außen. So feiert die Schweiz am 1. August den Tag, an dem sich die drei Urkantone 1291 gegen den Landesherrn erhoben und zur ersten Eidgenossenschaft zusammenschlossen. Am 4. Juli 1776 erklärten die dreizehn Gründungsstaaten der amerikanischen Union, daß und warum sie in Zukunft Unabhängigkeit von der englischen Krone beanspruchten. Für die Franzosen begann die Revolution 1789 mit dem Sturm auf die Bastille; der 14. Juli, an dem man die Gefangenen unter dem Jubel des Volks befreite, wurde zu ihrem Nationalfeiertag. Gemeinsam ist diesen Ereignissen, daß sie Akte der Unbotmässigkeit und des Aufruhrs waren, bei denen das Volk die entscheidende Rolle spielte, und wirklich scheint ja nur ein solcher Anlaß, der Zusammenbruch der alten Macht und der Triumph einer neuen, als Gründungsdatum für die Republik zu taugen. »Wir, das Volk«, heißen die selbstbewußten Worte, mit denen die amerikanische

Verfassungsurkunde beginnt. Sie bezeichnen den neuen Souverän, der im Widerstand gegen die Monarchie gesiegt hatte.

»Wir sind das Volk«, hatten auch die Montagsdemonstranten in Leipzig und Berlin gerufen, eine Parole, die ganz zu Recht in die Geschichte eingegangen ist. Aber dem deutschen Nationalfeiertag fehlt alles, was an diese siegreiche Tradition erinnern könnte. Am 3. Oktober 1990 wurde die Einheit nicht erkämpft, sondern, wie es in der Behördensprache heißt, vollzogen. Der 17. Juni, das hergebrachte Symbol für das Selbstbestimmungsrecht und den Freiheitswillen des Volkes, wurde geopfert, um einem Datum Platz zu machen, das für einen Verwaltungsvorgang steht. Denn mehr war ja nicht mehr zu tun, nachdem die Mauer gefallen, die D-Mark eingeführt, die Kette der Montagsdemonstrationen abgerissen und der eigentlich konstituierende Akt, die ersten freien Wahlen, längst vorüber war. Statt dessen feierte Deutschland das Inkrafttreten eines Vertrages, der aus einer Unzahl schwer verständlicher Einzelregelungen bestand. Der Text enthält nichts, was sich auch nur annähernd mit dem hohen Ton vergleichen läßt, den die Verfassungsdokumente des 18. und des 19. Jahrhunderts bei solchen Gelegenheiten anschlagen. Er wurde von den Instanzen entworfen, die in Deutschland seit jeher den Staat vertreten, den Behörden, und was er zu sagen hatte, klang danach. Die Sprache ist hart und technisch, sie kommt von oben und tut so, als habe die Verwaltung dem Volk etwas verordnet, was es sich in Wahrheit doch selbst erkämpft hatte. Der 3. Oktober ist der Feiertag, der die Erinnerung auf unverkennbar deutsche Weise pflegt. Er bewahrt das Bild von feierlich gekleideten Staatsmännern und einer Fahne, die im Dunkel der Nacht langsam am Mast emporgezogen wird.

Demokratie ist nach deutscher Tradition nicht das, als was sie Abraham Lincoln in seiner Gettysburg-Address von 1863 beschrieben hatte. Sie ist vor allem Herrschaft für das Volk, nur selten Herrschaft aus dem Volk, niemals Herrschaft durch das Volk. Der erste Zweck ist Betreuung, und dafür eignet sich nichts besser als die öffentliche Verwaltung. Ihr zunehmendes Gewicht entspricht den wachsenden Anforderungen, denen sich die Regierung durch die Akquisition von immer neuen Zuständigkeiten ausgesetzt hat. Wo immer eine neue Aufgabe entsteht, wird auch ein neues Amt gegründet. Die Schicht der Verwalter schiebt sich wie eine fremde Macht zwischen Wähler und Gewählte und nimmt die Regierungsgewalt, die ihr als Auftrag übergeben worden ist, nach ihren eigenen Vorstellungen wahr. Sie fördert damit bei den Bürgern das Gefühl, in ihren Wünschen und Besorgnissen nicht mehr beachtet oder ernstgenommen zu werden, von den Quellen der Macht abgeschnitten zu sein und die Rolle von Untertanen zu spielen. Wenn dieses Gefühl das erträgliche Maß überschreitet, wird ein neues Amt eingerichtet mit dem Ziel, das Vertrauen in die öffentliche Verwaltung wiederherzustellen. Mit dieser Begründung wurden die Büros von Kinder-, Frauen-, Wehr- und Bürgerbeauftragten geschaffen, von denen es inzwischen ein paar Tausend gibt. Wie der lenäischen Schlange wachsen der Bürokratie für jeden abgeschlagenen Kopf zwei neue.

Gegenbewegungen sind selten und auf Dauer ohne großen Erfolg. Auch wenn der Staat sich hier und dort genötigt sieht, bei der Verwaltung zu sparen und eine Reihe von Aufgaben in andere Hände zu legen, wird dadurch das Gesetz der wachsenden Staatsaufgaben nicht grundsätzlich außer Kraft gesetzt. Denn das Geflecht der Abhängigkeiten wird enger, und um in ihm nicht vollends zu ersticken, ruft man aufs neue nach Kontrollen durch den Staat. Die eine Kraft treibt die andere; beide liefern sich einen Wettlauf ohne festes Ziel. Zwar sind das Banken- und das Versicherungsgewerbe, die Datenverarbeitung und der private Medienmarkt weitgehend staatsfreie Wirtschaftszweige. Über die Landesmedienanstalten, die Datenschutzbeauftragten und die verschiedenen Bundesaufsichtsämter kehrt der Staat aber auch hier zurück, und dieser Weg ist sicherlich noch lange nicht zu Ende. Max Weber hatte den Übergriff der öffentlichen Bürokratie auf alle

Bereiche des täglichen Lebens vorausgeahnt und vor dem eisernen Käfig gewarnt, in dem sich die bürgerliche Freiheit mit der Zeit totlaufen werde. Und das zu einer Zeit, als es die meisten Anstalten und Einrichtungen, die heute dem Bürger im Nacken sitzen, noch gar nicht gab und die wenigen nur einen Bruchteil ihrer heutigen Personalstärke besaßen.

Getragen und begleitet wird dieser Siegeszug, auf dem die öffentliche Verwaltung alles andere hinter sich läßt, vom alten Hunger nach Gerechtigkeit. Nach Jahrhunderten der Irrungen und Wirrungen, in denen die Vorrechte der Geburt, des Standes oder des Glaubens belohnt worden waren, soll der Staat den Ausgleich zustande bringen und nichts anderes anerkennen als Leistung und Bedürftigkeit. Das war die Erwartung, von der getragen alle möglichen Eingriffe in den Privatbereich nicht nur geduldet, sondern geradezu herausgefordert worden sind. Um ihren hochgesteckten Zielen näherzukommen, verlangte und erhielt die Verwaltung von den Bürgern Auskunft über die persönlichsten Lebensumstände. Dadurch entstand Wissen, und auch dies Wissen bedeutet Macht. Eine Bestimmung, die das hergebrachte Recht, Kinder in der gesetzlichen Krankenversicherung kostenlos mitzuversichern, immer dann ausschließt, »wenn der mit den Kindern verwandte Ehegatte des Mitglieds nicht Mitglied einer Krankenkasse ist und sein

Gesamteinkommen regelmäßig im Monat ein Zwölftel der Jahresarbeitsentgeltgrenze übersteigt und regelmäßig höher ist als das Gesamteinkommen des Mitglieds«, ist allenfalls für Fachleute verständlich, vielleicht nicht einmal für die. Der Bürger hingegen ist wehrlos, muß aber gehorchen und detaillierte Angaben über sein Einkommen, die Zugehörigkeit zu einer Krankenkasse, die Höhe des monatlich von ihm gezahlten Beitrags und das Verwandtschaftsverhältnis zwischen Eltern und Kindern machen. All dies, um den Mißbrauch von sozialen Rechten auszuschließen. Über den Wert eines Rechts, das sich so leicht mißbrauchen läßt und einen derart unverhältnismäßig hohen Aufwand an Kontrolle erfordert, macht man sich offenbar keine Gedanken. Der Bürger hat Auskunft zu geben, und zwar auch dann, wenn er den Sinn der Bestimmungen nicht mehr begreift und unfähig ist, die Antwort der Behörden aus eigenem Vermögen zu überprüfen. Er wird auf diese Weise gleich zweimal gedemütigt: zunächst als Bittsteller, danach als der Empfänger eines gut verschlüsselten Dekrets.

Die meisten dulden das in der Annahme, daß die Verwaltung abhängig sei von der Regierung und die Regierung vom Willen der Bürger. Sie glauben, den Strick, der ihnen um den Hals geworfen wird, am Ende doch noch selber in der Hand zu halten. Das ist die alte demokratische

Theorie, die Identität von Regierenden und Regierten, in diesem Fall angewandt auf die Verwaltung. Die Praxis sieht natürlich anders aus. Schon die riesigen Summen, die von der Bürokratie eingesammelt und umverteilt werden, machen sie in weiten Bereichen faktisch autonom. Mit ihrem Wissen, ihrer Erfahrung und mit ihrer Masse stellt sie ein Gewicht dar, gegen das die Politik mit ihrem Anspruch auf Vorrang nicht viel ausrichten kann. Was der Staatsrechtslehrer Josef Isensee von der Rentenversicherung erklärt hat, gilt auch sonst: daß die Gesetzgebung längst abhängig geworden sei von der Verwaltung. Die Bürokratie steckt das Feld ab, das die Legislative dann nachträglich zu bestellen hat.

So ist aus der Rivalität der drei herkömmlichen Teilgewalten eine vierte als Sieger hervorgegangen, die öffentliche Verwaltung. Sie hat das Parlament abhängig gemacht, der Exekutive ihren Willen aufgeprägt und die Gerichtsbarkeit auf die Rolle eines hilflosen Kommentators herabgedrückt. Mit ihrem Triumph hat sich die Vorstellung vom Wesen der Politik und von den Aufgaben der Regierung gründlich verändert, denn die Bürokratie braucht keine Ziele zu entwickeln, um das, was sie will, zu erreichen. Überall da, wo sie sich durchsetzt, wird die Politik dazu neigen, auch neue Fragen nach einem alten Schema zu beantworten.

Den beiden wichtigsten politischen Herausforderungen der letzten Jahre, der deutschen und der europäischen Einigung, ist diese Neigung zum Verhängnis geworden. Sie wurden als Verwaltungsaufgaben begriffen und dementsprechend durchgeführt. Der Regelungseifer der Brüsseler Behörden, die alles harmonisieren wollen, beweist das ebenso wie die Einfallslosigkeit, mit der im Osten Deutschlands auch das kopiert worden ist, was sich im Westen keineswegs bewährt hatte. Eine Justiz, die mit ihrer Arbeit nicht mehr fertig wird, ein Steuersystem, das immer wieder gegen die Verfassung verstößt, ein Hochschulwesen, das mit ungeheurem Aufwand nichts Vernünftiges zustande bringt, hätten nicht übernommen, sondern reformiert werden müssen. Das jedoch widersprach den Grundsätzen der öffentlichen Verwaltung, und so ging man den anderen, den leichten Weg. Damit sich im Westen nichts zu ändern brauchte, mußte im Osten alles anders werden, meinte ein sächsischer Politiker zu dieser Art von Einheitspolitik.

Das Mittel, mit dem sich die öffentliche Bürokratie ausdehnt und immer weitere Bereiche unterwirft, ist das Leistungsgesetz. Es wendet sich nicht mehr an alle Bürger, sondern an einzelne Gruppen, deren Lebensverhältnisse in allen Einzelheiten überprüft und bewertet werden müssen. Der Verwaltung eröffnet das weite Ermessensspielräume, die ihre Macht natürlich stärken. Wenn der Gesetzgeber versucht, die weitgehend autonom handelnde Verwaltung wieder einzufangen und zu führen, macht er die Dinge meistens nur noch schlimmer. Er novelliert und ändert dann in einem Tempo, das der Verwaltung jede Aussicht nimmt, mit der Anwendung der Gesetze nachzukommen. Sie wird dadurch erst recht zum unumschränkten Herrn der Dinge. Wer das nicht will, sollte nicht mehr, sondern weniger Gesetze machen. Verwaltung nach Gesetz und Recht ist über ein gewisses Maß hinaus nicht möglich. Nur wenn der Staat seine Grenzen respektiert und sich dort, wo er zu weit gegangen ist, wieder zurückzieht, wird er die Verwaltung zügeln können.

Die Qualität des Gesetzgebungsverfahrens hat zweifellos gelitten. Form- und Terminfehler nehmen zu, führen zu Nachverhandlungen im Parlament oder zu einem Verfahren vor dem Bundesverfassungsgericht in Karlsruhe. Es hat Jahre gedauert, bis über eine Neufassung des Asylrechts überhaupt geredet wurde. Als es dann schließlich so weit war, haben die monatelangen Debatten den ursprünglichen Artikel, der im Grundgesetz nur ein paar Worte umfaßte, auf das Vierzigfache seines Umfangs anschwellen lassen. Während der alte Text für jeden verständlich war, ist die Neufassung so umständlich und so kompliziert, daß sie den gewöhnlichen Bürger überfordert, Asylsuchende natürlich erst recht. Die alte, scheinbar zynische Empfehlung, Gesetze kurz und unklar abzufassen, scheint in Vergessenheit geraten zu sein. Der öffentliche Dienst hat sich der Parlamentsarbeit bemächtigt und betreibt die Gesetzgebung so, wie er es gelernt hat, als langwieriges und penibles Verwaltungsgeschäft. Abgeordnete, denen die Entwicklung unbehaglich ist, können gegen die Ministerialbürokratie mit ihrem vielfach überlegenen Sachverstand wenig ausrichten. Die meisten sind ohnehin aus dem Öffentlichen Dienst hervorgegangen und betrachten es als selbstverständlich, daß der Wert ihrer Tätigkeit nach der Zahl, dem Umfang und der Detailgenauigkeit der behandelten Gegenstände beurteilt wird. Unbeabsichtigt arbeiten sie damit natürlich der Verwaltung in die Hände, die in dieser Hinsicht jedem Parlament überlegen ist.

Außerhalb des Bundestages ist die Gewichtsverlagerung sehr wohl bemerkt worden, denn die Interessenvertreter, die großen Lobbies und Verbände, die genau wissen, wo sie ansetzen müssen, um die größte Wirkung zu erzielen, wenden sich zunehmend nicht mehr an die Abgeordneten, sondern direkt an das zuständige Ministerium. Die Interessenverflechtung ist eng, in aller Regel aber unauffällig. Sichtbar wird sie nur dann, wenn es einen Skandal gegeben hat und der Minister, um die eigene Stellung zu behaupten, ein Opfer sucht. Dann entlädt sich sein Zorn auf die Beamten, denen Hörigkeit und Korruption vorgeworfen wird, und einige von ihnen müssen gehen, auch wenn sie nicht viel anderes getan haben als alle anderen. So kam es zur Auflösung des Bundesgesundheitsamtes.

Die entscheidende Rolle spielen auch hier die politischen Parteien. Nach den drei klassischen Gewalten haben sie die Verwaltung durchdrungen und ihren Zwecken dienstbar gemacht. In keinem anderen Beruf ist die Parteimitgliedschaft weiter verbreitet als in der höheren Beamtenschaft. Alle Versuche, nach dem Vorbild des amerikanischen Civil Service der Vereinbarkeit von Beamtenstatus und Parteiangehörigkeit Grenzen zu setzen, sind von der Interessenkoalition hintertrieben worden. Die Ministerialbürokratie weiß, wer über ihr Schicksal entscheidet, und verhält sich nur klug, wenn sie sich nach der Decke streckt. Die Parteien selbst appellieren an das Karrierebewußtsein der öffentlich Bediensteten und laden sie unter anzüglichen Hinweisen auf die vielen schönen Posten ein, über deren Besetzung sie zu entscheiden oder mitzubestimmen haben, zum Beitritt ein. Die FDP, die in manchen Gegenden mehr Posten zu verteilen hat, als sie Mitglieder besitzt, benutzt dies Argument ganz offen.

Tatsache ist, daß sich unter den Parteiarbeitern auffällig viele Lehrer und andere Vertreter der Beamtenschaft finden. Ihr Kalkül, mit der Partei oder in der Partei aufzusteigen, ist individuell verständlich und folgerichtig, für die Parteien selbst jedoch kein Gewinn, denn damit wird die Politik zur Domäne von Leuten, die in der weichen Luft des Öffentlichen Dienstes groß geworden sind. Indem sich die Parteien ihren Nachwuchs hier besorgen, favorisieren sie einen Typ, der die Politik behäbig und immobil macht. Er herrscht auf allen Ebenen, in Städten und Ländern genauso wie im Bund, in der Verwaltung und im Parlament und in den jüngeren Parteien sogar noch stärker als in den alten. Die Grünen haben, ungeachtet aller Distanz zum eingefahrenen System und ihrer selbstgewählten Rolle als »Bewegung«, die SPD als klassische Partei des Öffentlichen Dienstes inzwischen ausgestochen. Im elften Bundestag lag der Anteil der Lehrer in der grünen Fraktion ziemlich genau doppelt so hoch wie der in allen übrigen Fraktionen. Die Vorteile der Symbiose sind offenbar so groß, daß sie sich richtungsübergreifend und ohne Rücksicht auf ideologisches Beiwerk durchsetzen. Parteienstaat und Beamtenstaat scheinen füreinander bestimmt gewesen zu sein und wollen sich, nachdem sie sich gefunden haben, nie mehr trennen.

Die Macht dieser Koalition ist beträchtlich. Im äußersten Falle führt sie dazu, daß eine politische Partei im Bündnis mit der Bürokratie die Folgen des demokratischen Wechsels, den Verlust der Regierungsmacht also, unterlaufen kann. Nach dem knappen Wahlsieg der sozialliberalen Koalition soll Horst Ehmke 1969 in kleinem Kreis bemerkt haben, man müsse im CDU-beherrschten Kanzleramt »mit der Maschinenpistole« Platz machen für neue, parteikonforme Leute.

Das ist Realpolitik, diesmal nach innen. Die Parteien verstehen sich als die geborenen Inhaber der Macht, und Ämterpatronage ist eines ihrer wichtigsten Herrschaftsinstrumente. Sie verlangt einen immer höheren Tribut und greift beträchtlich über den Kreis der eigentlich politischen Beamten hinaus. Ganze Ministerien sind in ihren Sog geraten, so daß die Loyalität der Beamten kaum noch dem Staat oder einem wie auch immer definierten Gemeinwohl gilt, sondern zunächst und vor allem einer politischen Richtung. Die Zirkel oder Arbeitsgemeinschaften, die alle größeren Parteien in den Behörden unterhalten, bilden eine Art Nebenregierung, an deren hinhaltendem Widerstand schon mancher neuberufene Minister gescheitert ist. Das Ineinander von Verwaltungserfahrung und Parteibindung gibt diesen nicht nur ironisch so genannten Betriebskampfgruppen eine Macht, die dann nach einer ähnlich wirkungsvollen Gegenmacht verlangt. Gemeinsam arbeiten die Parteien darauf hin, eines der belebendsten Elemente der Politik, das Wechselspiel zwischen der auf Bestand ausgerichteten Verwaltung und dem unruhigen Parteiwillen zu zerstören. Die alten Rivalen haben sich miteinander verbündet und besorgen ihre Geschäfte gemeinsam.

Denn soviel scheint inzwischen klar zu sein: Unter der Ämterpatronage hat nicht nur der Öffentliche Dienst gelitten. Er hat für die Willfährigkeit, mit der er sich einspannen ließ, einen Preis verlangt und seinen auf Präzedenz und Routine gedrillten Geist auf die Parteien übertragen. Keine von ihnen könnte auf die Frage, wie denn die Zukunft, von der sie unablässig reden, aussehen sollte, etwas Präziseres zur Antwort geben als den verbrauchten CDU-Slogan »Weiter so!«

Die Parteien bilden kein geistiges Zentrum mehr; niemand wird bei ihnen Mitglied, um über Ideen zu sprechen oder sie durchzusetzen. Christliche, soziale oder liberale Programmbestandteile werden wie ein Erbe weitergeschleppt, mit dem man zwar nichts mehr anfangen kann, das man aus Pietätsgründen aber auch nicht wegwirft. In dem Maße, wie sich die Parteien mit dem Öffentlichen Dienst einließen, hat sich in der Politik der Amtsinhaber durchgesetzt – ein Menschenschlag, den Guy Kirsch und Klaus Mackscheidt in einer politischen Charakterkunde folgendermaßen beschrieben haben: »Das für ihn typische Verhalten besteht nicht darin, daß er jenen Problemen, die er sieht, nicht gerecht wird, sondern daß er jene Probleme, denen er aus der Sicht der Wähler gerecht werden sollte, nicht sieht. Die

Folge ist, daß der Amtsinhaber mit gutem Grund und mit noch besserem Gewissen auf die unbestreitbaren Erfolge seiner politischen Tätigkeit hinweist, daß aber die Bürger zunehmend, gleichfalls mit gutem Grund, mit dessen Amtsführung unzufrieden sind.«

Das ist der Typ, der nicht nur in Deutschland eine Stimmung hervorgebracht hat, die sich in Wahlabstinenz, Wechselwählerei und schwindenden Mitgliederzahlen niederschlägt. Parteiverdrossenheit ist dafür sicher nicht der richtige Begriff. Denn es ist ja nicht nur eine diffuse Unzufriedenheit, die sich da äußert, sondern das ziemlich sichere Gefühl, daß sich Parteien und Verwaltung wie eine Nebelbank über das Land gelegt haben, die den einen den Blick auf die anderen verstellt und das auseinanderreißt, was in der Demokratie zusammengehört. Norbert Blüm hat sich öffentlich über die Bürger mokiert, die von Politikern, denen sie immer weniger zutrauen, immer mehr erwarten. In seinen Augen ist das ein Widerspruch, denn Politik ist für einen wie ihn, der sich seit Jahren im Geschäft befindet, nur mit den Leuten und in den Formen denkbar, die er kennt: ein schwieriges Metier, das gerade noch die Fachleute beherrschen. Doch da sind die Wähler anderer Meinung. Sie wollen sich die Vorstellung von einer Politik nicht ausreden lassen, die Ziele kennt und Prioritäten setzt und frei ist von dem lächerlichen Ehrgeiz, sich um alles und jedes zu kümmern. Hinter dem von Blüm angeprangerten Unverstand der Bürger kommt letztlich nichts anderes zum Vorschein als die Sehnsucht nach politischer Führung. Die Menschen fühlen sich mit dem, was sie bewegt, alleingelassen. Sie glauben, von einer Regierung etwas anderes verlangen zu dürfen als von der Verwaltung. Und sie haben damit ja auch recht.

Seit das staatssozialistische Modell, das seine Energien im immer perfekteren Ausbau seiner Verwaltungs- und Kontrollinstanzen verbraucht hat, nicht mehr vor Augen steht, geht seine abschreckende Wirkung verloren. Die Versuchung, Politik in Verwaltung aufzulösen und auf alle übergreifenden Ideen zu verzichten, stellt sich damit nun auch im Westen. Wenn sich der Staatsapparat, schrieb Hannah Arendt seinerzeit, erst einmal in eine Verwaltungsmaschinerie verwandelt habe, dann könne auch das Parteiensystem nur noch Leerlauf erzeugen und Tüchtigkeit verhindern. Ihre Voraussage ist eingetroffen. Alle Neuerungen sind, soweit sie überhaupt noch zustandekommen, mit einer drastisch wachsenden Verwaltungstätigkeit verbunden. Die Bürokratie sammelt die Entscheidungsgewalt in den Händen einer übermächtigen Zentrale und degradiert einen Beruf nach dem anderen zum Angestelltendasein. Zunächst waren es die Bauern, die ihre Freiheit verloren, dann kamen die Professoren an die Reihe, jetzt die Ärzte; und jedesmal im

Namen irgendwelcher Reformmaßnahmen, der Agrar-, der Hochschul- oder der Gesundheitsreform. Das Resultat entspricht ziemlich genau dem, wovor die überzeugten Liberalen des 19. Jahrhunderts so große Angst hatten und was sie mit allen Zeichen des Entsetzens als jenen Staat beschrieben, den sie nicht wollten. Wenn man die Banken und die Eisenbahnen, die Universitäten und die Krankenhäuser zu Geschäftszweigen einer einzigen, riesigen Verwaltungsapparatur herabgestuft habe, wenn die lokale Selbstverwaltung gleichgeschaltet und alle ihre Mitarbeiter in den Öffentlichen Dienst eingereiht worden seien, ernannt, bezahlt und kontrolliert von einer einzigen Regierung; wenn das alles erst einmal eingetreten wäre, schrieb John Stuart Mill, könnten alle Menschenrechte und alle Verfassungsgarantien die Freiheit nur noch dem Namen nach verbürgen.

Im Alltag der Politik ist keine Klage häufiger zu hören als das Bedauern über den engen Spielraum, mit dem sich die Regierung abzufinden hat. Die meisten Amtsinhaber fühlen sich kaum noch als Gestalter, viel eher als Beobachter oder als Opfer eines Prozesses, der ihnen aus der Hand geglitten ist und den sie nun in eine Richtung weiterlaufen sehen, auf die sie keinen Einfluß nehmen können. In Abwandlung des bekannten Satzes, der die Politik als die Kunst des

Möglichen definiert, beschreibt sie ein Minister als die Kunst, auch noch das Mögliche unmöglich zu machen. Offensichtlich empfindet er seine Abhängigkeit als deprimierend, sich selbst jedoch nicht mehr als stark genug, die Initiative zurückzugewinnen und die Dinge davor zu bewahren, sich im Alltagsbetrieb totzulaufen. Ralf Dahrendorf hat die Bereitschaft, sich mit der Verwaltung anzulegen und dem Drachen des Öffentlichen Dienstes ins Maul zu greifen, als letzte Probe auf die Reformfähigkeit der Politik bezeichnet. Er wird sie wohl nicht mehr erleben, auf keinen Fall in Deutschland. Ludwig Erhard dürfte der letzte gewesen sein, der eine solche Probe gewagt, und, wie man weiß, verloren hat. Seine Nachfolger haben daraus gelernt und alles vermieden, was die Statthalter der öffentlichen Verwaltung gegen sie aufbringen konnte. Zwar wurde die Reform des Öffentlichen Dienstrechtes immer wieder als dringlich bezeichnet, doch keine Regierung war dazu bereit, den Versuch ernsthaft zu unternehmen. Helmut Kohl hat aus alldem die Konsequenz gezogen und beschlossen, die Dinge so zu lassen, wie sie sind. Nüchtern wie er ist, kapitulierte er vor dem Beharrungsvermögen einer Institution, die das Privileg besitzt, ihre eigenen Interessen mit denen der Allgemeinheit gleichzusetzen.

So sind die Zuständigkeiten der Politik immer weiter, ihre Spielräume jedoch immer enger geworden. Der Staat hat sich ausgebreitet und beansprucht Verantwortung für lauter Dinge, die noch vor wenigen Jahrzehnten in die Kompetenz der Bürger fielen. Wenn nicht bloß Richtungsentscheidungen, sondern alltägliche Planungsarbeiten wie eine neue Autobahntrasse mit dem Argument verteidigt werden, es gebe keine Alternative, und überall der »Sachzwang« triumphiert, dann ist das eben nicht nur eine Schutzbehauptung der Politiker, sondern auch Ausdruck einer Notlage, in die sie sich freilich selbst hineingesteuert haben. Margaret Thatcher gebrauchte diese Formeln so oft, daß sie ihr den Beinamen TINA eintrugen, ein Anagramm für »There is no alternative«. Man will die Richtung nicht wechseln und leugnet die Wahlmöglichkeiten so lange, bis sie als solche nicht mehr kenntlich sind. Wo das Leugnen nichts hilft, weil sich die Alternativen geradezu aufdrängen, versucht man zusammenzuspannen, was nicht zusammenpaßt, und bekennt sich öffentlich zu »beidem« – zur Ökonomie und zur Ökologie, zum Beruf und zur Familie, zur Vertiefung und zur Erweiterung der Europäischen Gemeinschaft und so weiter durch alle Gemeinplätze der Politik. Es sieht so aus und soll wohl auch so aussehen, als würden Entscheidungen nicht mehr getroffen, sondern nur noch vollzogen. Die Politik wird zum Schicksal. Sie stellt sich dar als eine lange Kette zwangsläufiger Ereignisse, für die am Ende keiner mehr verantwortlich ist.

Freiheit und Gleichheit

Unter den Parolen, mit denen die Revolutionäre
das französische Volk auf ihre Seite gebracht haben, stand die Freiheit an erster Stelle. Zumindest
während der eigentlichen Umbruchphase, in der
Zeit der Aufmärsche und der Pariser Unruhen,
konnte sich nichts mit diesem Versprechen vergleichen. Selbst die russischen Revolutionäre, die
sich im übrigen von ganz anderen Absichten bestimmen ließen, standen in derselben Tradition.
Zwar hatten sie die Hoffnung des 19. Jahrhunderts, das große Ziel mit einer einzigen, gewaltigen Anstrengung zu erreichen, bereits aufgegeben und Freiheit durch Befreiung, den Zustand
also durch den Prozeß ersetzt. An der Aussicht
auf eine vollkommene Endzeit, in der sich alle
Menschen schon deshalb ihrer natürlichen
Rechte erfreuen durften, weil es den Staat als
Zwingherrn nicht mehr gab, hielten sie aber fest.
Sie verschoben das Paradies nur so weit in die
Zukunft, daß es für keinen mehr erkennbar war.
Insoweit standen auch die Anführer der Oktober-
revolution in der Nachfolge Condorcets, der zu
Beginn des neuen Zeitalters apodiktisch erklärt

hatte, das Wort Revolution dürfe nur auf solche Ereignisse angewandt werden, deren Ziel die Freiheit ist.

Ihr gegenüber mußten die anderen Schlagwörter, mit denen die Franzosen eine neue und bessere Weltordnung begründen wollten, zunächst einmal zurückstehen. Anstelle der Brüderlichkeit schwärmen die Verfassungen und Verfassungsentwürfe dieser Jahre vom Eigentum und von der Sicherheit. Beispiele dafür sind die Konventsverfassungen von 1793 und die Direktorialverfassung vom August 1794, mit der sich das Verfassungsfieber, das die Franzosen ergriffen hatte, zunächst einmal beruhigte. Auch die Gleichheit, das zweite Glied in der klassischen Trias, war damals noch der Freiheit nachgeordnet. In der Erklärung der Menschen- und Bürgerrechte, der revolutionären Gründungsurkunde vom August 1789, wird das Versprechen allgemeiner Gleichheit mit einem einschneidenden Zusatz versehen. Danach müssen sich alle sozialen Unterschiede mit dem Nutzen legitimieren, den sie für das Gemeinwohl mit sich bringen. Ungleichheit ist also keineswegs ausgeschlossen, sondern unter Bedingungen erlaubt und dort, wo sie dem Ganzen dient, sogar erwünscht.

Diese Bereitschaft, gesellschaftliche Unterschiede hinzunehmen, blieb allerdings auf die Frühzeit der Revolution beschränkt. Sie verliert sich mit den Jahren und läßt die Franzosen als erste die Erfahrung machen, daß der Wunsch nach Gleichheit grenzenlos ist, daß er sich niemals stillen läßt und durch das, was ihn befriedigen soll, immer weiter wächst. Schon in der Konventsverfassung, vier Jahre nach der Menschenrechtsdeklaration, hat sich die Reihenfolge der Begriffe verändert. Sie lautet jetzt: Gleichheit, Freiheit, Sicherheit und Eigentum. Ein paar Jahre danach scheint die Entwicklung im »Manifest der Gleichen«, einem Text aus der Frühzeit der Direktorialperiode, ihren vorläufigen Höhepunkt zu erreichen. Ausdrücklich wird die Gleichheit zum ersten Bedürfnis des Menschen ausgerufen und als das wichtigste Kennzeichen jeder rechtmäßigen Gemeinschaft dargestellt. Gleichzeitig wird die Sprache härter, der Tonfall rücksichtslos, gelegentlich schon drohend. Nicht für die Freiheit, sondern für die Gleichheit ist kein Opfer mehr zu hoch, ihr zuliebe erklären sich die Demonstranten im voraus mit allem einverstanden. Sie sind dazu bereit, »reinen Tisch zu machen«, und versteigen sich schließlich zu dem abenteuerlichen Wunsch: »Mögen, wenn es denn sein muß, alle Künste untergehen, wenn uns nur die wirkliche Gleichheit bleibt.«

Wirkliche, tatsächliche, vollständige Gleichheit war seither die zugkräftigste Parole aller Reformer und Revolutionäre. Und das gilt bis in die allerjüngste Zeit. Die vorübergehende Absicht der CDU, die Gleichheit als einen vierten

»Grundwert« in ihr Parteiprogramm aufzunehmen, zusammen mit Freiheit, Gerechtigkeit und Solidarität, hat das noch einmal äußerlich bestätigt. Das Eingeständnis, anders zu sein als die anderen, wird nur noch deshalb vorgetragen, weil es der sicherste Ausgangspunkt für die Forderung nach staatlich garantierter Gleichstellung in allen übrigen Bereichen ist. Nachdem sich die gesellschaftlichen Differenzen zu guten Teilen abgeschliffen haben, richtet sich der Veränderungstrieb zunehmend gegen die Natur oder das, was früher als natürlich galt. Jacques Attali, der Berater von Präsident Mitterrand, hat kürzlich das Idealbild einer Gesellschaft entworfen, in der die Bevölkerung nicht länger eine Pyramide bildet, sondern einen rechteckigen Block. Alle Bürger, genau zur Hälfte Männer und zur Hälfte Frauen, haben dieselben Ansprüche und die gleichen Chancen, und der Staat, der ihnen Leben, Arbeit und Gesundheit garantiert, sorgt am Ende für ihren zeitgerechten Tod. Das ist die neue, fürsorgliche Spielart der totalitären Versuchung.

Sie stützt sich auf die Erfahrung, daß die Empfindlichkeit gegen jede Art von Ungleichheit zunimmt und Differenzen durchweg als das Ergebnis erfolgreicher Diskriminierung angesehen werden. Das Bewußtsein dafür, daß Verschiedenheiten, auch wenn sie ärgerlich sind, im Interesse des Ganzen hingenommen werden könnten, ist nicht mehr wirksam. Gesellschaftspolitik ist im wesentlichen Gleichheitspolitik und setzt deswegen dort ein, wo die Menschen noch jung und prägsam sind, in der Schule also oder noch früher. Solange sich der Staat, eingestandenermaßen oder nicht, einer möglichst umfassend verstandenen Gleichstellung verpflichtet fühlt, wird er gar nicht anders können, als seine Hoffnung in die Schule zu setzen und der Familie mit Mißtrauen zu begegnen. Sie ist nicht zufällig zur Lebensform einer Minderheit geworden. Ihr hängt der Ruf an, ein Hort der Ungleichheit zu sein, und dieser Ruf ist in einer egalitären Gesellschaftsordnung ruinös. Die Gründe kann man bei Christopher Jencks nachlesen, einem amerikanischen Soziologen, der dem Problem der Gleichheit – oder wie es bei ihm heißt: der Chancengleichheit – mehrere Bücher gewidmet hat. Er geht die Dinge nüchtern an und schreibt: »Wenn eine Gesellschaft auf dem Prinzip des Wettbewerbs beruht und die Erwachsenen ungleich belohnt, müssen einige Kinder Erfolg haben, während andere versagen. Erfolgreiche Eltern werden anschließend versuchen, ihre Vorteile an ihre Kinder weiterzugeben. Umgekehrt bleibt erfolglosen Eltern gar nichts anderes übrig, als ihre Benachteiligungen zu vererben.« Was daraus folgt, empfindet offenbar auch Jencks als so unerfreulich, daß er die Konsequenz nur hypothetisch zieht. Wenn man sich nicht dazu verstehen wolle, die Bindung zwischen Eltern und Kindern vollständig zu unterbrechen und dem Staat die Verantwortung für die gesamte Erziehung zu übertragen, werde sich die Ungleichheit der Eltern in der nächsten Generation reproduzieren oder sogar noch verstärken. Zu fragen wäre dann eigentlich nur noch, wie groß der Abstand sein müsse.

Alle Bildungsreformer waren von dieser Frage besessen, und sie suchten sie so zu beantworten, daß der Abstand möglichst gering ausfiel. Hinter ihren Anregungen und Vorschlägen, vom obligatorischen Kindergarten über die Früheinschulung und die Förderstufe bis hin zur integrierten Gesamtschule, wurde immer wieder das Bild der wohlgemähten Rasenfläche sichtbar, mit dem ein schwedischer Schulpolitiker seine pädagogischen Träume illustriert hatte. Das Zerschlagen der alten, auf Dauer und Kontinuität angelegten Bildungsgänge und ihr Ersatz durch horizontal übereinander geschichtete Blöcke war eben nicht nur dazu da, den Zurückgebliebenen immer wieder einen neuen Anfang zu erlauben. Mindestens ebenso wichtig war es, diejenigen zurückzupfeifen, die einen Vorsprung gewonnen hatten, und die Chancen der einen dadurch zu verbessern, daß man die der anderen beschnitt. Es ging, wie es ein schulpolitisches Pamphlet aus den wilden Zeiten der Reform ziemlich ungeniert ausdrückte, »um die Erreichung von größerer Chancengleichheit bei der Verteilung negativer Güter«. Hans-Joachim Heydorn, ein Frankfurter

Pädagoge, der trotz seiner Sympathien für die Linke mißtrauisch geblieben war gegen den linken Chic, sprach damals von Ungleichheit für alle. Daß dies auch Unfreiheit für alle hieß, verstand sich von selbst.

Wahrscheinlich bedarf es außergewöhnlicher Bedingungen, um einen Staat in die Lage zu versetzen, Gleichheit zu garantieren, ohne die Freiheit zu beschränken. Auch in dieser Hinsicht scheinen es die Vereinigten Staaten von Amerika besser gehabt zu haben als die meisten europäischen Länder. Es waren ja nicht nur das Augenmaß und die politische Erfahrung der sogenannten Gründerväter, die dafür gesorgt hatten, daß Amerika seine Revolution in wesentlich maßvolleren Formen erlebte als beispielsweise Frankreich. Wohl über die längste Zeit ihrer Geschichte genossen die Amerikaner das ungewöhnliche Privileg, die Landesgrenze immer weiter voranschieben zu können. Wer in seiner alten Umgebung keinen Erfolg hatte oder sonst nicht zurechtkam, brauchte nur weiterzuziehen. Er konnte die bürgerliche Welt mit all ihren Zwängen und Ungerechtigkeiten hinter sich lassen und versuchen, unter den Bedingungen natürlicher Gleichheit neu anzufangen. Wie stark die Vorstellung des *new frontier* das politische Denken der Amerikaner bestimmt hat, läßt sich aus der emphatischen Zustimmung schließen, mit der bisher noch alles begrüßt wurde, was sich an diesen Gedanken anschloß, Roosevelts Versprechen eines *New Deal* genauso wie Johnsons Vision der *great society*. Wachstum in seiner handgreiflichsten Gestalt, in Form von Landgewinn, war die historische Voraussetzung für den amerikanischen Traum von einer besseren und gerechteren Zukunft.

Doch diese Zeit ist vorbei, und heute gewöhnen sich auch die Amerikaner an, das Glück nicht nur vom Unternehmertum des einzelnen zu erwarten, sondern auch von der Fürsorglichkeit des Staates. Nachdem sich die Grenzen nicht mehr bewegen lassen, fällt Gleichheit in die Kompetenz des Staates. Die Möglichkeiten, den Wachstumsdruck nach außen abzuleiten, haben sich erschöpft, und die Regierung ist zum Eingriff genötigt, an Früherziehungsprogrammen, Quotenregelung, Proporzrücksichten und den Inquisitionsgerichten für *political correctness*. Daß Präsident Clinton den Ausbau der Sozialversicherung zur innenpolitischen Hauptaufgabe seiner Amtszeit gemacht hat, mag angesichts der amerikanischen Zustände in diesem Bereich geboten sein; eine Abkehr vom Ideal des unabhängigen, ganz auf sich selbst gestellten Bürgers ist es aber auch. Ohne die Aussicht, den Naturzustand immer wieder neu herzustellen und den Bürgern zu erlauben, ihr Schicksal selbst in die Hand zu nehmen, muß die Regierung den einen nehmen, was sie den anderen geben will. Und das bedeutet, wie geschickt sie sich dabei auch anstellen mag, mehr Staat, höhere Abgaben und härtere Kontrollen.

Die Deutschen sind über diese Zusammenhänge im Verlauf der Einigung ausreichend belehrt worden. Um die Verfassung zu erfüllen und im ganzen Land annähernd gleiche Lebensverhältnisse herzustellen, war der Staat nur allzu gern bereit, sich vorzudrängen und möglichst viel von dem, was die Menschen selbst hätten besorgen können, an sich zu ziehen. Die Aufgaben, vor denen er stand, waren groß und ungewöhnlich; aber die Schnelligkeit, mit der er zugriff, und die Hartnäckigkeit, mit der er ständig neue Erblasten entdeckte und neue Gerechtigkeitslücken auftat, gingen über das Notwendige hinaus. Regierung und Opposition haben sich nicht ein einziges Mal verweigert. Sie haben überall zugelangt und sich mitten im Einigungsprozeß mit der Pflegeversicherung dann auch noch eine weitere Bürde aufgeladen.

Statt die Menschen auf das, was in einer überalterten Gesellschaft auf sie zukommt, rechtzeitig vorzubereiten, bestärkt sie der Staat in ihrem instinktiven Widerstand gegen die Notwendigkeit, aus eigenem Vermögen Vorsorge zu treffen. Die Pflegeversicherung will Gleichheit auch in dieser Hinsicht und stellt Abhängigkeiten selbst dort her, wo sie gar nicht nötig wären. Sie will auch diejenigen, die wohlhabend genug sind, um für sich selbst einzustehen, vor der Verlegenheit bewahren, im Alter ihren Besitz antasten zu müssen. Deswegen belastet sie alle, bürgt für alle, nimmt alle an die Leine. Erst dann, wenn es mit dem Wohlfahrtsstaat definitiv nicht mehr vorwärtsgeht, werden die Menschen merken, daß sie im Grunde genommen nur die eine Abhängigkeit gegen eine andere eingetauscht haben. Und daß die Bindung an eine Institution nicht unbedingt sicherer ist als die an einen Menschen.

Schon in der Zeit des Kalten Krieges, als die Systemunterschiede stark herausgestrichen wurden, waren sich Ost und West in einer gewichtigen Frage einig. Das war die Glorifizierung der Arbeit. Die Marxisten bezeichneten sie als das erste Lebensbedürfnis des Menschen, die Marktwirtschaftler sprachen von einem Schlüsselproblem der Gesellschaft, das mit allen Mitteln gelöst werden müsse. Wenn das nicht länger möglich ist, weil der Arbeitsgesellschaft, wie Hannah Arendt es vorausgesehen hatte, die Arbeit ausgeht, werden es die Demokratien schwer haben, denn dann läßt sich die immer wieder belebte Hoffnung auf Annäherung und Ausgleich nicht mehr halten. Der Abstand zwischen den Bürgern wird dann größer werden, und der Gegensatz zwischen Arbeitsplatzbesitzern und Arbeitslosen wird als der tiefste und kränkendste aller Unterschiede brutal zum Vorschein kommen. Um

nicht ganz machtlos zu erscheinen und ihre groß-
zügigen Versprechen wenigstens der Form nach
wahrzumachen, wird sich die Regierung zu immer härteren Anordnungen herbeilassen und
den fast unvermeidlichen Mißerfolg ihrer Bemü-
hungen zum Vorwand nehmen für den nächsten,
noch tieferen Eingriff. Diese Bewegung ist längst
in Gang gekommen, und die ungenierte Anre-
gung eines Sozialpolitikers, das Problem der Un-
terbeschäftigung dadurch zu lösen, daß man »einige hunderttausend Unternehmen dazu zwingt,
einen Arbeitslosen einzustellen«, gibt eine Vorstellung von dem, was zu erwarten ist. Solange es
dabei bleibt, das Recht auf Arbeit allen anderen
Rechten voranzustellen, gehört es zu den Rechten der Bürger, den Staat beim Wort zu nehmen.
Mit hohem Einsatz und geringem Erfolg wird die
Politik darum kämpfen, die Vollbeschäftigung
wiederherzustellen – und dabei all die trauri-
gen Erfahrungen wiederholen, die bisher noch
mit jedem Versuch verbunden waren, Arbeit
zu subventionieren. In trägen Zeiten führt so etwas zu Politikverdrossenheit, in stürmischen
zur Rebellion.

Wo die Menschen, schreibt der schottische Mo-
ralist Adam Ferguson, Zuneigung und Vertrauen
zueinander besitzen, wo sie im allgemeinen dazu
neigen, niemanden zu beleidigen oder zu verletzen, da kann die Regierung träge sein. Das gilt

auch umgekehrt und bedeutet dann, daß der Staat überall dort auftrumpfen oder als Vormund in Erscheinung treten muß, wo das Zusammengehörigkeitsgefühl verschwindet und sich die Bürger durch nichts anderes aneinander gebunden wissen als durch ihre materiellen Interessen. Solche Beziehungen sind meistens schwach, vorläufig und austauschbar und lassen gerade diejenigen Eigenschaften verkümmern, von denen die Gemeinschaft lebt.

Die Solidaritätsrhetorik, mit der die Politik dagegenhalten will, wird am Erkalten der Gefühle nicht viel ändern. Denn Solidarität unterscheidet sich von der Nächstenliebe dadurch, daß sie nicht nur einschließt, sondern auch ausschließt: Man solidarisiert sich sowohl mit jemandem als auch, und dies vielleicht sogar noch lieber, gegen jemanden. Die Fremden und Asylbewerber haben das zu spüren bekommen, als sie zu Tausenden in Deutschland Zuflucht suchten. Nichts hat die Stimmung gegen sie stärker belastet als der Verdacht, sie wollten die eherne Balance von Leistung und Gegenleistung aus den Angeln heben und dort gut leben, wo sie nicht bezahlt hatten. Solidarität ist die Tugend, die den Versicherungsunternehmer mit seinen Kunden verbindet: Einer für alle, alle für einen, vorausgesetzt, man kommt auf seine Kosten. Für einen Staat ist das eine gefährliche Maxime. Denn der auf Solidarität eingeschworene Staatsbürger ist ständig damit beschäftigt, zu rechnen und zu vergleichen und darauf zu achten, daß andere nicht mehr bekommen, als ihnen zusteht. Wenn er zu dem Ergebnis kommt, daß sich die Fortsetzung der Geschäftsbeziehungen nicht lohnt, wird er nach besseren Gelegenheiten Ausschau halten und versuchen, die Gesellschaft zu wechseln.

Der Staat als Gegner

Als die Sowjetunion die Kraft und den Willen verloren hatte, ihre Vasallen zu unterdrücken, brach das letzte große Kolonialreich auseinander. Die Folgen waren so gewaltig, daß es einiger Zeit bedurfte, um sie in ihrem ganzen Ausmaß zu überblicken. Was 1989 zu Ende ging, war ja nicht nur eine martialische Weltordnung, die vierzig Jahre lang den Frieden auf Abschreckung gegründet hatte. Fraglich geworden war auch die Grundregel, nach der in Europa und aller Welt einige hundert Jahre lang Außenpolitik betrieben worden war, das Gleichgewichtsprinzip. Die Erfahrung, daß der Aufbau von Gegenmacht nicht mehr das einzige Mittel war, die eigene Sicherheit zu verbürgen, machte zum ersten Mal Entwaffnung und Abrüstung im großen Umfang möglich. Das Zeitalter des permanenten Verdachts, das alle Absprachen unter Vorbehalt gestellt und die Regierungen dazu gezwungen hatte, ihr Heil in einer Politik der Stärke zu suchen, schien zu Ende zu sein.

Innerhalb des zerfallenden Imperiums wurden die Folgen des Bruches schneller sichtbar. Das

Freiwerden von der russischen Hegemonie erlaubte es den Staaten Mitteleuropas, ihr Gesicht
nach Westen zu wenden und Anschluß an eine
Tradition zu suchen, die zwar mit allen Mitteln
unterdrückt, in der Erinnerung des Volkes aber
niemals abgerissen war. Wie tief der Wandel
reichte, hat Tadeusz Mazowiecki, der erste frei
gewählte Ministerpräsident Polens, nach seinem
Abschied aus dem Amt dargestellt. Unter der
Parteidiktatur, schreibt er, habe Gesellschaft etwas völlig anderes bedeutet als in den freien Ländern des Westens. Der Begriff habe für eine Welt
gestanden, »die der Allmacht des Staates entris-
sen ist, eine Sphäre, die in prinzipieller Opposition zum Staat steht. Weil man diesen Staat nicht
als den eigenen anerkennen konnte, mußte man
sich gegen ihn organisieren«.

Unter der Herrschaft der Partei empfanden
sich die polnischen Bürger als Fremde im eigenen
Land. Zusammenarbeit mit der Regierung war
nur um den Preis moralischer Korruption möglich, und wer den nicht zahlen wollte, mußte auf
Abstand gehen. Nach solchen Erfahrungen war
die Entdeckung, daß Staat und Gesellschaft zu-
sammengehörten und aufeinander angewiesen
waren, für die Polen etwas Neues. Im Moment
des Umsturzes, schreibt Mazowiecki, wurden die
bisher illegalen Einrichtungen zu legalen Institutionen; die führenden Leute der antitotalitären
Zivilgesellschaft begannen, als Parlamentarier

oder Minister Repräsentanten des Systems zu werden. Sie übernahmen Verantwortung für ihre Stadt und für das Land und brachten eine Bewegung in Gang, mit der das Bürgertum nach Jahren des freiwilligen Exils in die Regierung zurückkehrte. Am Ende, resümiert Mazowiecki, »hörte der Staat auf, ein Feind zu sein. Er wurde zum eigenen Staat«.

So schien es jedenfalls. Denn der Wechsel war schwierig, nicht frei von Rückschlägen. Er erforderte ein Umdenken, und das brauchte Zeit. Mazowiecki erinnert sich, daß sich das Verhältnis der Bürger zum Staat nur unvollkommen änderte, daß gewissermaßen nur die Geschäftsgrundlage wechselte, der Charakter der Geschäftsbeziehungen selbst hingegen ziemlich unangetastet bestehen blieb. Dadurch rückte der Staat, »der zwischendurch schon zum eigenen Staat geworden war«, nun abermals in die Distanz. Nachdem er als Instrument der Unterdrückung nicht mehr gefürchtet wurde, gewöhnte man sich daran, ihn als Lieferanten zu betrachten, als Adressaten von tausend Wünschen und Erwartungen, für die man sich früher selbst zuständig gefühlt hatte, die aber jetzt, nachdem man keine Angst mehr haben mußte, der Obrigkeit aufgeladen wurden. Dieselben Bürger, die eben erst den Staat als Zwingherrn abgeschüttelt hatten, verlangten nun, daß er die alte Rolle in zivilen Formen weiterspielen und ihnen als fürsorgli-

cher Patron entgegentreten sollte, autoritär, doch
milde. Sie vergaßen, daß es der eigene Staat war,
um den es ging, und daß vom Bürger mehr verlangt wird als vom Konsumenten. Enttäuscht
stellt Mazowiecki fest, daß die Polen nach kurzer
Zeit in ihre alten Gewohnheiten zurückfielen. Sie
sahen in der Regierung etwas Abgelegenes und
Fernes und waren zufrieden, die Tyrannei der
Parteifunktionäre gegen das bürokratische Re-
gime eines paternalistischen Staates eingetauscht
zu haben.

Als Mann von Grundsätzen schildert Mazowiecki mit allen Zeichen der Verwunderung und
des Bedauerns eine Haltung, die unter den Deutschen weit verbreitet ist. Sie haben sich seit langem daran gewöhnt, den Staat als eine Sozialagentur zu betrachten, die im Jahr mehr als eine
Billion Mark umsetzt. Norbert Blüm hätte diese
Zahl nicht als einen Beweis für seine erfolgreiche
Politik herausposaunt, wenn er nicht sicher gewesen wäre, den Deutschen damit aus der Seele zu
sprechen. Der Staat gilt ihnen als ein riesiges Service-Unternehmen, dem anzugehören sich zunächst einmal rentieren muß. Gegen seine Allzuständigkeit hat niemand etwas einzuwenden, sofern er seine Macht im Verborgenen ausübt und
den Bürgern nicht wie ein Souverän begegnet,
sondern als aufmerksamer Diener. Man schätzt
ihn, solange er tut, was man von ihm erwartet,
und monatlich die Rente überweist. Aber die Zu-

friedenheit schlägt regelmäßig dann in Ärger oder Verachtung um, wenn es darum geht, sich auf veränderte Konstellationen einzustellen und die Lasten neu zu verteilen. Dann machen die Verbände mobil und blasen zum Marsch auf Bonn. Gegen ihren gut organisierten Widerstand hat sich noch keine Regierung lange behaupten können. Wenn die Bergleute ihre schwarzen Fahnen ausrollen, ist Blüm der erste, auch noch die absurdesten Besitzstände zu verteidigen und die Untertage-Zulage der übertage arbeitenden Sekretärin mit der banalen Tatsache zu rechtfertigen, daß die Frau Angestellte der Ruhrkohle AG ist. Bürger und Staat gehen miteinander um wie Kaufleute, sie bestehen wie Shylock auf ihrem Schein – auch dann, wenn Sitte und Vernunft dagegensprechen.

Ähnlich wie Japan, der andere Verlierer des Zweiten Weltkrieges, scheint Deutschland entschlossen zu sein, seine ganze Kraft aufs Wirtschaftliche zu werfen. Henry Kissinger hat die Bundesrepublik eine Ökonomie auf der Suche nach einem politischen Daseinszweck genannt; der milde Tadel, den er damit aussprechen wollte, ist in Deutschland allerdings nicht verstanden worden. Die meisten Deutschen vermissen nämlich gar nichts. Sie sehen in der Selbstbeschränkung aufs Wirtschaftliche einen Vorzug, betrachten sie als Erbstück aus der alten Bundesrepublik, das gegen Widerstände und Versuchungen verteidigt werden muß, und verkünden als neue Staatsräson, daß politisch nicht richtig sein könne, was wirtschaftlich falsch ist. Solange das Bruttosozialprodukt wächst, die Außenhandelsbilanz stimmt und der Geldwert einigermaßen stabil ist, sind sie zufrieden: Die Nachkriegszeit soll möglichst nie zu Ende gehen. Damals war es die blanke Not, die zur Konzentration aller Kräfte auf die Wiederbelebung der Wirtschaft zwang; danach schien es ein Gebot außenpolitischer Vernunft zu sein, die neugewonnenen Machtmittel nicht allzu offen vorzuzeigen und sich im Golfkrieg oder anderswo mit den Aufgaben des Zahlmeisters zu begnügen. Inzwischen ist der Ökonomismus allerdings zu einer Ersatzreligion geworden, deren Dogmen an jeder Straßenecke heruntergebetet werden. Die Deutschen wollen gar nichts anderes sein als Wirtschaftsmacht und Exportnation, und sie sind stolz darauf, die Tugenden, die sie in den Jahren der Armut herausgebildet haben, auch noch unter den Bedingungen des Reichtums zu kultivieren.

Diese Vorliebe fürs Kommerzielle hat den Finanzminister weit über seine vom Grundgesetz garantierte Sonderstellung hinaus zur entscheidenden Figur der Politik gemacht. Bewegen, steuern, erziehen kann nur er, denn nur er spricht die Sprache des Geldes, die von allen auf Anhieb verstanden wird. Was er belohnt, das wird getan, was er bestraft, das unterbleibt, auch wenn es noch so sinnvoll oder dringlich wäre. Wer in der Politik etwas erreichen will, dem bleibt nichts übrig, als sich zum Bittsteller oder Handlanger des Finanzministers zu machen. Weil das alle getan haben, ist ein geplantes Chaos entstanden, ein Zustand der legalen Anomie, in dem sich Absichten und Nebenabsichten ständig in die Quere kommen und gegenseitig behindern. Der Gesetzgeber sieht sich auf ein einziges Mittel zurückgeworfen, mit dem er viel zu viel bewirken möchte, und das auch noch zur selben Zeit. Der Präsident des Bundesfinanzhofes warnt seit langem vor dem totalen Steuerstaat, der alles will, aber nichts mehr kann. Mit Hilfe eines einzigen Instrumentes, der Einkommensteuer, sollen der Arbeitsmarkt belebt, der Verkehr beruhigt, die Umwelt geschont, die Investitionstätigkeit angeregt, die Vermögensbildung erleichtert, der Wohnungsbau gefördert und die soziale Gerechtigkeit realisiert werden. »Die Konjunktur soll das eine Mal angekurbelt, das andere Mal gebremst werden«, spottet der Präsident und erinnert an die Jahre der sozialliberalen Koalition, in denen beides gleichzeitig vom Gesetz geregelt war. Wahrscheinlich nicht nur damals.

In diesem Meer von widerstreitenden Strömungen muß jede Übersicht verlorengehen. Dann bleibt nur noch der Pragmatismus, der einfach macht, was kommt, und Fragen nach der

Gerechtigkeit und Stimmigkeit des Ganzen nicht mehr stellt. Abgaben werden nicht deshalb erhöht, weil das aus irgendwelchen Gründen sachlich geboten erscheint, sondern mit einem knappen Hinweis auf den gestiegenen Bedarf. Als der Bundesverkehrsminister seine jüngsten Pläne, die Benzinsteuer anzuheben, öffentlich bekanntgab, hat er genauso argumentiert – mit den Milliarden nämlich, die ihm für die Bahnreform fehlten. Geld braucht der Staat natürlich immer, und wenn der Mehrbedarf als Argument tatsächlich ausreicht, kann man auf die Begründung auch verzichten. Das Bundesverfassungsgericht hat den Gesetzgeber in zahllosen Urteilen daran erinnert, auf Verständlichkeit und Zumutbarkeit zu achten, weil dies Voraussetzung dafür sei, daß die Gesetze auch beachtet werden. Der alte Grundsatz, nach dem sich die Höhe der Steuern nach der Leistungsfähigkeit dessen zu richten hat, der sie aufbringen muß, ist von den Richtern immer wieder zitiert worden. Der Finanzminister jedoch läßt ziemlich unverhohlen durchblicken, daß er solche Ermahnungen nur mit Abstrichen erfüllen oder vollends unterlaufen wird. Sollten die Einheitswerte, nach denen der Besitz von Grund und Boden nur zu einem Bruchteil seines tatsächlichen Wertes erfaßt wird, als verfassungswidrig verworfen werden, dann will sie Theo Waigel durch eine Regelung ersetzen, die an den alten Privilegien nichts Entscheidendes ändert. Natürlich weiß er, daß die Besteuerung der Bürger gegen elementare Rechtsgrundsätze verstößt, und die Masse von Klagen, mit denen sich die Menschen gegen die Zumutungen des Fiskus zur Wehr setzen, läßt kaum noch Zweifel daran, wie stark das Vertrauen in die Gerechtigkeit des Systems geschwunden ist. Aber gerade die Menge und der Erfolg solcher Einsprüche schreckt eine Regierung, die im Umfang eines Problems nur noch einen Grund sieht, um Gottes willen nichts zu tun, vom Handeln ab. Die Dinge bleiben, wie sie sind; jede Änderung würde eine Unzahl von Interessen verletzen. Und weil in einem Lande, das sein gesamtes Selbstbewußtsein aus seiner wirtschaftlichen Leistungskraft schöpft, materielle Interessen das einzige sind, was zählt, setzen sie sich am Ende immer wieder durch.

In seinem Buch über den alten Staat und die Revolution hat Tocqueville beschrieben, wie sich der König durch seine bedenkenlosen Verstöße gegen das Gebot der Steuergerechtigkeit die Herzen der Franzosen schon vor dem Umsturz entfremdet hatte. Die Krone habe sich an den Grundsatz gehalten, mit ihren Kontributionen »nicht diejenigen zu treffen, die am fähigsten waren, sie zu bezahlen, sondern diejenigen, die am unfähigsten waren, sich dagegen zu wehren«; um die Reichen zu schonen, habe man sich an die Armen gehalten. Von dieser »abscheulichen Konsequenz« ist das deutsche Recht im Grundsatz gar nicht mehr so weit entfernt. Es sei naiv zu glauben, daß die hohen Grenzsteuersätze die Reichen träfen, hat Franz Klein, der Präsident des Bundesfinanzhofs, festgestellt. Er kann nicht verstehen, daß »Minister, Verbandspräsidenten, Gewerkschaftsführer und die Vorstandsvorsitzenden der großen Aktiengesellschaften im geltenden Steuerrecht zu Sozialfällen gestempelt werden, indem sie Arbeitnehmervergünstigungen erhalten«, während auf der anderen Seite kleine Einzelhändler und Handwerker, die ein wesentlich geringeres Einkommen beziehen, als Unternehmer behandelt und dementsprechend besteuert werden. Einzelne Mißstände zu bekämpfen, sei allerdings sinnlos, denn das führe nur zu neuen Ungerechtigkeiten. »Nur wenn man alle Einkunftsarten möglichst gleichmäßig erfaßt, kommt man zur Steuergerechtigkeit«, meint der Gerichtspräsident. Davon jedoch sei man noch meilenweit entfernt.

Anders als der französische König belastet der deutsche Finanzminister die einfachen Leute nicht mit einer Kopfsteuer, sondern dadurch, daß er ihnen die vielen Möglichkeiten vorenthält, ihr steuerpflichtiges Einkommen zu ermäßigen. Das gewaltige Getöse, mit dem um die Höhe der Spitzensteuersätze gestritten wird, lenkt von dieser Wirklichkeit nur ab. Denn ob es bei den Abgaben einigermaßen gerecht zugeht, erkennt man nicht beim Blick auf die Steuertabelle, sondern an den unzähligen Ausnahmeregelungen, die bestimmungsgemäß nur denen zugute kommen, die viel zu versteuern haben. Gerechtigkeit von seiten des Staates und Ehrlichkeit auf seiten der Bürger lassen sich nur dann herstellen, wenn man das monströse, selbst Fachleuten kaum noch verständliche Steuerwesen vereinfacht. Solange das nicht geschieht, trifft eben auch für Deutschland zu, was im vorrevolutionären Frankreich die Regel war: daß man die Lasten nicht denen auflädt, die sie am besten tragen können, sondern denen, die sich am schlechtesten zu wehren wissen. Anstelle der Leistungsfähigkeit entscheidet die Geschicklichkeit, mit der man seine Einkünfte kleinrechnet, über den individuellen Wohlstand. Das Verfahren ist erheblich komplizierter als im absolutistischen Frankreich, wahrscheinlich aber genauso wirkungsvoll, die Loyalität der Bürger zu untergraben.

Beliebt war die Steuer nie. Die Bürger gaben sie, aber nie freiwillig und nur unter der Bedingung, daß sie über die Art der Verwendung mitentscheiden durften. Deswegen gehörte das Steuerbewilligungsrecht von Anfang an zu den vornehmsten Privilegien des Parlaments. Ein so folgenreiches Ereignis wie die Gründung der Vereinigten Staaten von Amerika begann sogar mit einer Art von Steuerstreik, ging allerdings sehr schnell über diesen Anlaß hinaus und endete in einer veritablen Unabhängigkeitserklärung. In der berühmten Formel »no taxation without representation« klang schon beides an: das Steuerrecht und das Verfassungsrecht, das dann, nachdem der Prolog erst einmal vorbei war, den Text des Dramas beherrschte. Als gute Demokraten erkannten die Amerikaner hinter einem harten und drückenden Steuersystem den konstitutionellen Makel, das Fehlen rechtsstaatlicher Grundsätze. Der sichtbare Übergriff des Staates war für sie nur ein Zeichen für die Willkür einer Regierung, die sich nicht scheute, die elementaren Gebote der Gerechtigkeit zu verletzen. Ein König, der es für überflüssig hielt, sich mit seinen Bürgern über die Grundsätze der Besteuerung zu verständigen, erschien ihnen wie ein Wegelagerer, der seine Opfer ja auch nicht bloß ausplündert, sondern verängstigt, erniedrigt und drangsaliert. Das Gefühl, wehrlos zu sein gegen eine Macht, die man nicht mehr versteht, der man aber trotzdem und unter allen Umständen gehorchen muß, richtet auf Dauer wahrscheinlich viel mehr Schaden an als der vorübergehende Ärger über eine zu hohe Steuer. In solchen Fällen betrachten die Bürger den Staat nicht mehr als ihre eigene Sache, als Republik, sondern als eine undurchsichtige, vielleicht sogar verdächtige Instanz, der man nichts weniger schuldet als Gehorsam.

Der alte Hinweis auf die Vorzüge der parlamentarischen Regierungsform, die das Volk zum

Herrn über sich selbst macht, kann dann nicht mehr überzeugen. Er ignoriert zu offensichtlich, was sich im Vergleich zu der Epoche, in der die Grundregeln des Parlamentarismus entstanden sind, tatsächlich verändert hat. Ein Parlamentarier hat heute nur noch selten Grund, sich als Anwalt der Bürger zu fühlen, ihre Wünsche gegen die Regierung zu vertreten und im Gespräch mit anderen durchzusetzen. Er weiß natürlich, von wem er gewählt wurde; er weiß aber auch, wem er seine Kandidatur verdankt. Und weil die Kandidatur die erste und wichtigste Hürde ist, tut er alles, um sich mit derjenigen Macht zu arrangieren, die hier zu entscheiden hat, der Partei. Jede größere Parlamentsdebatte zeigt, wie Parteiräson und Gemeinwohlansprüche auseinandertreiben und wie die unvermeidliche Spannung in aller Regel gelöst wird. Der Fraktionszwang ist dafür nur ein äußeres Indiz. Vor der unbefangenen und fast respektlosen Art, in der die amerikanischen Wähler ihre Repräsentanten als Volksbeauftragte behandeln und von ihren Abgeordneten Rechenschaft über alles mögliche verlangen, ist ein deutscher Parlamentarier sicher. In Deutschland sind die Verhältnisse klar. Die Abgeordneten gehören zur politischen Klasse, nicht zu »uns«, sondern zu »denen«. Die meisten von ihnen erinnern in ihrem Auftreten weniger an einen Treuhänder öffentlicher Belange als an einen römischen Senator, der seine Klientel mit Aufmerksamkeiten und kleinen Geschenken bei Laune hält.

Vom Sinn des alten Steuerbewilligungsrechts hat sich die Hälfte verloren, denn bewilligt werden genaugenommen nicht mehr die Einnahmen, sondern nur noch die Ausgaben. Die Aufmerksamkeit und das Interesse der Parlamentarier hat sich, durchaus im Einklang mit den Spielregeln der Gefälligkeitsdemokratie, verhängnisvoll verschoben. Sie achten weniger auf sparsame Haushaltsführung als darauf, bei der Geldverteilung nicht zu kurz zu kommen und für ihre Anhängerschaft mindestens ebensoviel herauszuholen wie alle anderen. Wenn irgendwo ein Privileg zur Sprache kommt, wird das als ein Signal verstanden, es möglichst gleichmäßig auf alle zu verteilen. Deswegen ist es schwer, Subventionen abzuschaffen, doch kinderleicht, sie zu verlängern oder auszubauen; und es ist keineswegs in allen Fällen die Regierung, die das tut, sondern mit Vorliebe der Bundestag selbst. Besonders großzügig sind die Abgeordneten des Europäischen Parlaments in Straßburg: wahrscheinlich deshalb, weil sie von ihren Wählern noch weiter entfernt sind als die Mitglieder nationaler Versammlungen. Ausgaben zu bewilligen ist für die Europäer eine der wenigen Chancen, sich gegenüber der Kommission und dem Ministerrat ein Ansehen zu geben. Solange es das eine und einige Volk der

Gemeinschaft nicht gibt, kann niemand die Abgeordneten auf irgendwelche übergeordnete Interessen festlegen und zum Vorteil des Ganzen auf Sparsamkeit dringen, jedenfalls nicht mit Aussicht auf Erfolg. Sie fühlen sich als Teil der Exekutive, deren Vorlagen und Haushaltspläne sie deshalb lieber überbieten als kontrollieren oder zusammenstreichen. Trotz aller Differenzen zwischen Parlament und Regierung, Regierung und Opposition, Opposition und Koalition gehören auch die Abgeordneten zu einer Schicht, die sich untereinander enger verbunden fühlt als mit dem Volk. Der Staat, das sind sie.

Es gibt ein ziemlich sicheres Indiz für das Ausmaß, in dem die Bereitschaft, ein öffentliches Amt als öffentliche Aufgabe zu betrachten, gelitten hat. Das ist die Korruption. Bestechlich zu sein, bedeutet ja mehr als Hunger oder Gier nach Geld. Zum Synonym für Verfall oder Niedergang ist die Korruption nur deshalb geworden, weil ihre Ausbreitung erkennen läßt, daß der Sinn für das Große und Ganze gelitten hat und einige Amtspersonen mit dem besonderen Charakter ihres Amtes nichts mehr anfangen können. In Italien, wo die politische Korruption ungewöhnlich weit gediehen war, hat das zum populistischen Aufstand geführt, mit dem das alte System verjagt wurde.

Andere Länder könnten diesem Vorbild folgen. Mißtrauisch gegen andere und sich selbst, war sich Thomas Jefferson über die Gefahren, die aus dieser Richtung drohten, im klaren. Das einzig wirksame Gegenmittel sah er in der ständigen und intensiven Mitwirkung des Volkes am politischen Leben. Sie alle, »wie wir da gehen und stehen«, schrieb er in einem Brief an einen alten Freund, würden zu reißenden Wölfen, sollte das Volk jemals aufhören, sich um die öffentlichen Dinge zu kümmern.

In den ehemals sozialistischen Ländern haben die Menschen mit den Wölfen längere Erfahrungen gemacht als der Westen. Ihr Staat war zum Opfer einer Herrenkaste geworden, die sich mit Hilfe von Militär, Polizei und Sicherheitsdienst gegen das Volk, in dessen Namen sie die Macht ausübte, vollkommen abschloß. Die Unfähigkeit, sich glaubwürdig und überzeugend darzustellen und bei den Bürgern um Sympathie zu werben, dürfte zur Kapitulation dieser Staaten mindestens ebensoviel beigetragen haben wie der wirtschaftliche Ruin. Für die Mittel- und die Osteuropäer war der lange Tod der Nomenklatura eine harte, aber anschauliche Lektion über den Wert der Zivilgesellschaft. Ihr Wille, sich die teuer erkämpfte Freiheit zu bewahren, ist wahrscheinlich lebhafter entwickelt als bei den Altgläubigen im Westen. Vor allem deshalb ist es beunruhigend, daß sich so viele östliche Bürgerrechtler von dem Europa, das sie bei ihrer Rückkehr aus dem sozialistischen Exil wiederfanden, enttäuscht abgewandt haben.

Wissen ist Macht

Die meisten Autoren, die sich theoretisch mit dem Staat beschäftigt haben, waren sich darin einig, im allgemeinen Wohlstand das letzte Ziel der Politik zu sehen. Aber was diesen Wohlstand ausmacht, wie er sich darstellt und was man unternehmen muß, um ihn zu erwerben und zu bewahren, darin gingen die Meinungen auseinander. Für die Progressiven bestand Wohlstand im Wachstum. Er war eine dynamische Größe, die hergestellt und durch ständigen Wandel immer wieder neu geschaffen werden mußte. Ein Vorgang, der seinen Sinn in sich selbst trug. Das widersprach dem Geschichtsgefühl der Konservativen, die dem Fortschritt nicht opfern wollten, was er nicht wert war. In seinem politischen Testament meinte Metternich, daß Wohlstand etwas mit Beständigkeit zu tun habe und »ohne die Grundlage der moralischen und materiellen Ruhe« überhaupt nicht denkbar sei. Metternich hatte versucht, diese Grundlagen, die durch die Revolutionen und Kriege der napoleonischen Zeit erschüttert worden waren, mit den Mitteln der Politik wiederherzustellen und zu befestigen.

Erfolgreich war er damit aber nicht, und wenngleich Europa unter seiner Führung noch einmal eine Periode der äußeren Ruhe erlebte, hatte das Metternichsche System keinen Bestand. Am Ende siegte noch einmal die Revolution, die den Wohlstand eben nicht in der Ruhe suchte, sondern in der Bewegung und dem gewaltsamen Neuanfang.

Unter dem Eindruck der Gewinne an Macht und Wissen, die mit der technischen Zivilisation einhergingen, hat dies revolutionäre Lebensgefühl dann auch auf konservativer Seite seine Anhänger gefunden. Franz Josef Strauß sprach als eifriger Konvertit, als er unter Konservativismus die Bereitschaft verstand, an der Spitze des Fortschritts zu marschieren. Veränderungen in Gang zu setzen, den Wandel zu beschleunigen und sich alle paar Jahre auf etwas Neues einzulassen, galt ihm und seinen Freunden als Inbegriff von Glück und Wohlstand. Nur unter Wachstumsbedingungen ließen sich die Mittel erwirtschaften, die der Staat brauchte, um sich ständig neuen Aufgaben zuzuwenden, und das gab den Ausschlag. Erst in allerletzter Zeit kehrte auf dem Umweg über die Ökologie das Bewußtsein zurück, daß Wohlstand etwas mit Beständigkeit und Nachhaltigkeit zu tun haben könnte und daß forcierte Wachstumspolitik die Welt nicht reicher machen kann, sondern nur ärmer.

Wie selbstverständlich hatten sich die Erwartungen, die durch das Versprechen vom ewigen Fortschritt geweckt worden waren, auf den Staat gerichtet. Die Weltgeschichte wurde durch Revolutionen vorangetrieben, und Revolutionen zu machen, war eine Sache der Politik. Das Vorurteil zu ihren Gunsten ließ die meisten gar nicht merken, daß die politische Macht zunehmend in Konkurrenz geriet zu einer anderen, die das Leben viel gründlicher veränderte als alle Regierungen zusammen. Die Revolution schien ein Vorgang zu sein, der zwischen Herrschern und Beherrschten, Regierung und Opposition, erstem und drittem Stand spielte und sonst nirgends. Daß sie auch von nicht politischen Kräften zustande gebracht werden konnte, viel wirksamer sogar als von der Politik, hätte das Selbstbewußtsein der Revolutionäre beleidigt. Ein kluger Beobachter wie Lorenz von Stein, der beide Seiten kannte, hat sich über den engen Zusammenhang zwischen technischer und politischer Revolution und seine absehbaren Folgen aber nicht täuschen lassen. Er bemerkt, daß um dieselbe Zeit, in der die Idee der Freiheit und der Gleichheit in Frankreich Platz griffen, in England die ersten Maschinen entstanden waren, mit denen für das Güterleben der ganzen Welt, für Produktion, Konsumtion und Verkehr, eine ganz neue Epoche begonnen habe. »Sie sind die wahre revolutionäre Gewalt in der materiellen Welt, und von dieser, welche sie beherrschen, reichen sie auf allen Punkten tief in die geistige hinein.«

Dieser Einfluß hat sich in den mehr als einhundertfünfzig Jahren, die seitdem vergingen, noch verstärkt. Die Innovationen und Revolutionen gehen nicht mehr von den politischen Instanzen aus, sondern von den Entdeckern und Erfindern, die auf die Lebenswirklichkeit viel nachhaltiger einwirken als diejenigen, die dazu ein politisches Mandat besitzen. Automobil und Pille haben die menschlichen Verkehrsgewohnheiten schneller und gründlicher verändert als alle Gesetzgebung. Es sind die Techniker, die im Krieg über Siege und Niederlagen, im Frieden über die Eroberung von Märkten entscheiden. Sie bekräftigen das unbestimmte Gefühl, daß die Politik die Fäden nicht mehr in der Hand hält und abhängig geworden ist von einer anderen Macht, der Wissenschaft. Man hat Otto Hahn, den Entdecker der Kernspaltung, als den einflußreichsten Außenpolitiker des zwanzigsten Jahrhunderts bezeichnet. Das mag bei ihm noch eine Überzeichnung sein, kommt bei Leuten wie Robert Oppenheimer und Edward Teller, den Vätern von A- und H-Bomben, der Wahrheit aber schon viel näher. Sie haben die Welt bewegt und Politik im allergrößten Maßstabe betrieben. Die Machtverteilung ist tatsächlich so, wie sie Werner Heisenberg im Rückblick auf die Lage der deutschen Physik im Zweiten Weltkrieg einmal skizziert hat: Die Physiker, sagte er, können entscheiden. Es liegt bei ihnen, ob sie Atombomben bauen oder nicht, »indem sie nämlich einfach ihren Regierungen entweder diesen Aufwand als ungeheuer hoch und damit unnötig oder unvernünftig darstellen oder das Ziel, nämlich die Atombombe, als ungeheuer wichtig und daher den Aufwand vertretbar«. Diese Strategie, das Ausspielen des überlegenen Sachverstandes, ist seither tausendfach wiederholt worden. Nachdem sich die Wissenschaftler ihrer Macht bewußt geworden waren, haben sie von ihren Möglichkeiten auch Gebrauch gemacht, zuletzt in geradezu erpresserischer Weise die russischen Nuklearexperten.

Wissen ist Macht, meinte Francis Bacon. Das war eine gefährliche Devise, weil sie aus praktischen Erwägungen zwei Größen miteinander verband, die in moralischer Hinsicht ganz unterschiedlich zu bewerten sind. Wissen ist gut, aber die Macht ist böse, und sie wird grenzenlos böse, wenn sie über grenzenloses Wissen gebieten kann. Diese Erfahrung hat zwar erst das zwanzigste Jahrhundert gemacht, sie war von dem Wissenschaftspropheten Bacon aber vorbereitet worden, als er den Menschen beibrachte, Machtfragen als Wissensfragen zu betrachten. Das eigentlich politische Problem, wie Macht entsteht, wie sie begründet und begrenzt, kontrolliert und notfalls abgelöst werden kann, ging dabei nämlich unter. Im Neuen Atlantis, Bacons technischer Utopie, findet sich zu diesen Dingen kein Wort. Entscheidend für das, was die Herrscher dieses

Idealstaates können oder dürfen, ist nicht der
Wille des Gesetzgebers oder die Verfassung, sondern das Wissen und das Können des einzelnen.
Bacons Utopie ist gerade deshalb so modern,
weil sie die politischen durch technische Katego-
rien ersetzt und überall dort, wo sonst von der Erziehung der Bürger, von den Grundsätzen der
Verteilungsgerechtigkeit und vom Wesen der Gemeinschaft die Rede ist, Fragen des angewandten
Wissens und der technischen Machbarkeit erörtert. Für einen Mann wie ihn, der glaubte, auf die
Herrschaft über Menschen in dem Maße verzichten zu können, wie die Herrschaft über die Natur
perfektioniert wurde, war das nur konsequent.

Als der oberste Regierungsbeamte von Atlantis
die Fremden mit den Institutionen seines Landes
bekanntmacht, spricht er zunächst vom Zweck
des Staates, danach von seinen Einrichtungen
und seinen Hilfsmitteln und ganz zuletzt über die
Ämter und Dienstverhältnisse, über das also, was
gewöhnlich den Inhalt einer Verfassung ausmacht. Dabei erweist sich das Neue Atlantis als
eine Republik der Wissenschaften. Es geht um
die verborgenen Kräfte der Natur und, daraus
abgeleitet, um »die Erweiterung der menschlichen Herrschaft bis an die Grenzen des überhaupt Möglichen«. Die Hilfsmittel, die für diesen
phantastischen Zweck eingesetzt werden, umfas-
sen das gesamte Arsenal der angewandten Forschung und beweisen, wie eng die Hoffnungen

der politischen Utopisten von Anfang an mit dem Glauben an einen unbegrenzten technischen Fortschritt verbunden waren. Bacon erwähnt die Möglichkeit, den Ernteertrag durch allerlei Kunstgriffe um ein Vielfaches zu steigern, er beschreibt Windräder und Turbinen und sieht voraus, daß durch künstliche Beleuchtung das Leben vom Wechsel der Tageszeiten nahezu unabhängig wird. Sein Hinweis auf kunstvolle Schallreflektoren »welche die Stimme nicht nur vielfältig zurückwerfen, sondern sie einerseits verstärken, andererseits aber auch schwächen können«, nimmt die Idee von Mikrophon und Radio vorweg. Flugzeuge, U-Boote und alle möglichen, »durch Gleichmaß und Genauigkeit ausgezeichneten Automaten« vervollständigen die Vision vom technischen Paradies. Bacon möchte die Natur so lange verändern und umbauen, bis sie auf alle Bedürfnisse und Absichten der Menschen paßt. Zu diesem Zweck wird die Züchtung von transgenen Tieren nicht nur erwogen, sondern ausdrücklich begrüßt. Wir machen, erklärt der Herrscher von Atlantis, die einen Tiere mit technischer Hilfe größer und länger, andere dagegen zwergenhaft klein »und nehmen ihnen ihre natürliche Gestalt. Auch in Farbe und Gemütsart verändern wir sie auf vielerlei Art und Weise. Wir sorgen ferner für Kreuzungen und Verbindungen von Tieren verschiedener Arten, die neue Arten hervorbringen und trotzdem nicht unfruchtbar sind«.

All das ist Wirklichkeit geworden, und ange-
kündigt wird noch viel mehr. Aber das Zutrauen
in den Sinn des Ganzen, der Glaube an eine bessere Zukunft und an die herrlichen Zeiten, die
Kaiser und Kanzler dem deutschen Volk versprochen haben, hat gelitten. Die Rückschläge werden häufiger, und jeder hat die Beweise dafür
vor Augen, daß die vollkommene Naturbeherr-
schung nicht nur Probleme löst, sondern auch
schafft. Daß es in der Wissenschaft keinen Stillstand gibt, daß ihre Herrschaft ständig weiter-
wächst, daß jede neue Generation der vorherigen
auf die Schultern steigen und dem Himmel immer näher kommen wird, solche Bilder vom immerwährenden Wachstum, mit denen Emile du
Bois-Reymond noch vor hundert Jahren die
Menschen begeistern konnten, erwecken heute
ebensoviel Furcht wie Hoffnung.

Der Machtstellung der Wissenschaft hat das jedoch keinen Abbruch getan. Denn wo die Zusammenhänge unklar, die Auswirkungen ver-
trackt und die Bewertungen schwierig sind, muß
der Einfluß der Experten steigen. In allen wissen-
schaftlich anspruchsvollen Fragen ist die Regierung aus eigenem Vermögen heute kaum noch
urteilsfähig. Wenn es um Raumgleiter, Magnet-
schnellbahnen und die technischen Einzelheiten
der Endlagerung, um Kapazitätsverordnungen,
Rentenberechnungsformeln oder den Unterschied zwischen Hirntod und Herztod geht, müs-

sen sich Minister und Abgeordnete auf das Votum der Fachleute verlassen. Insoweit ist die heutige Lage ungünstiger als zu Anfang des Jahrhunderts, als der Primat der Politik noch ziemlich unbestritten war. Man brauchte die Einzelheiten der Ammoniaksynthese nach dem Haber-Bosch-Verfahren nicht zu durchschauen, um eine Entscheidung darüber zu treffen, wie und wozu sie eingesetzt werden sollte. Die neue Technik war am Vorabend des Ersten Weltkriegs entwickelt worden und erwies sich schnell als eine der entscheidenden Voraussetzungen für die Fortsetzung der Kämpfe. Die Seeblockade hatte das Reich von der Belieferung mit Grundstoffen abgeschnitten, die es zur Herstellung von Sprengstoff dringend brauchte. Ohne das Haber-Bosch-Verfahren, das diese Lücke schloß, wäre den Deutschen die Munition ausgegangen und der Krieg nach ein paar Monaten zu Ende gewesen. Das Schicksal des Landes hing an der Chemie, und Fritz Haber wurde gefeiert wie ein siegreicher General. Daß Deutschland »nicht schon nach wenigen Monaten aus Mangel an Pulver, Sprengstoff und anderen chemischen Verbindungen des Stickstoffs der Übermacht seiner Feinde erlag, ist in erster Linie Ihnen zu verdanken«, schrieb der Kriegsminister in einem Brief an Haber.

Doch das war nur die eine Seite der Erfindung. Die andere blieb unter Kriegsbedingungen im Schatten, trat dann im Frieden aber umso glänzender hervor, als das Verfahren weniger zur Sprengstoffproduktion genutzt wurde, als zur Herstellung von Kunstdünger. Die beiden Techniken gingen auf ein und dieselbe Wurzel zurück, so daß man, als der Kriegsrausch verflogen war, nach dem Muster argumentieren konnte: Das eine wollen wir, das andere nicht. Kunstdünger ist willkommen, Sprengstoff nicht. Die Dinge ließen sich einigermaßen klar auseinanderhalten, sie erlaubten auch dem Laien ein Urteil, und deshalb konnten die Politiker entscheiden. Wenn sie verstehen wollten, dann konnten sie das auch. Sie besaßen den Zugang zum Wissen und damit auch den Schlüssel zur Macht.

Das änderte sich erst, als die Folgen der Überdüngung erkennbar wurden. Um ihnen auf die Spur zu kommen, mußten lange und komplizierte Wirkungsketten untersucht und analysiert werden. Danach begannen die Kriterien, an die man sich gehalten hatte, zu verschwimmen. Die intensive Landwirtschaft veränderte das Klima, und Klimaveränderungen konnten die hohen Ernteerträge, die mit Hilfe der modernen Agrartechnik erreicht worden waren, wieder zunichte machen. Die Fachleute einer Enquête-Kommission, auf die sich der Deutsche Bundestag in dieser Sache verließ, sahen im Distickstoffoxyd aus der Landwirtschaft eines der gefährlichsten Klimagifte. Sollte sich ihr Verdacht bestätigen, dann fällt die Differenz von Fluch und Segen, mit der die Wissenschaft sich immer wieder Mut gemacht und um Unterstützung geworben hatte, in sich zusammen. Dann bringt es nichts, das Schwert zur Pflugschar umzuschmieden, denn die friedfertige Landwirtschaft richtet langfristig genauso viel Schaden an wie eine kämpfende Armee. Gut und Böse lassen sich nicht mehr voneinander trennen, und die Frage, ob man eine neue Technik als Fortschritt begrüßen oder als Rückschritt verdammen will, läßt sich nur noch willkürlich beantworten.

Vor einiger Zeit hat der englische Molekularbiologe Max Perutz in einer kleinen Schrift mit dem Titel »Ging's ohne Forschung besser?« die Vorzüge aufgezählt, die das moderne Leben der Wissenschaft verdankt. Sein Katalog ist lang und beeindruckend. Aber jeder, der sich einen unbefangenen Blick für die Wirklichkeit bewahrt hat, könnte ihm auf Anhieb eine ebenso lange Liste von Nachteilen entgegenstellen, die bei dem Versuch entstanden sind, die Natur in den Dienst des Menschen zu nehmen. Über die gegenwärtige Bilanz können die Rückversicherer, diese professionellen Realisten, hinreichend Auskunft geben. Aus ihren Geschäftsberichten erfährt man, daß Zahl und Ausmaß der großen Schäden, die auch in der Versicherungswirtschaft Katastrophen heißen, seit Anfang der achtziger Jahre dramatisch zugenommen haben. Die Schweizerische Rückversicherung kommt jeden zweiten Tag auf einen

Schadensfall von mehr als hundert Millionen
Mark und richtet sich auf weitere Debakel in dieser Größenordnung ein. Ursächlich dafür, heißt
es in einer beigefügten Untersuchung, seien die
Auswirkungen der Zivilisation auf die Natur
und der schleichende Verlust des ökologischen
Gleichgewichts. Orkane und Überschwemmungen, Trockenperioden und steigende Durchschnittstemperaturen werden als Vorboten eines
instabilen und eben deshalb so riskanten Klimawandels gedeutet. Der größte deutsche Rückversicherer berichtet, daß sich die Schadenssumme,
für die er eintreten mußte, in wenigen Jahren verfünffacht hat, und spricht vom schlechtesten Geschäftsjahr seit 1906, dem Jahr des Erdbebens
von San Francisco.

Man kann solche Zahlenreihen als Spiegelbild
der Lebensrisiken betrachten, gegen die Schutz
zu bieten schließlich Zweck eines Versicherungsunternehmens ist. Doch das würde die Eigenart
der Entwicklung offenbar verkennen. Denn es
handelt sich ja gerade nicht um irgendein gottgewolltes Schicksal, das plötzlich und irreversibel
über die friedlich dahinlebende Welt hereingebrochen wäre. Die Katastrophen nahmen nur
deshalb Seriencharakter an und ließen sich nur
deshalb prognostizieren, weil man die Zusammenhänge kennt und sehr genau weiß, wo die
Gründe liegen. Naturwüchsig ist in einer Welt,
die von der Technik in den Griff genommen wor-

den ist, nur noch das wenigste, und es ist reine Willkür, die Elemente anzuklagen, wo die Ursachen offenbar woanders liegen. Sie hätten genug geforscht, meinte ein führender Meteorologe kürzlich, und wüßten Bescheid. Die Beweisaufnahme sei abgeschlossen, jetzt sei es Zeit, das Urteil zu sprechen und zu handeln. Aber wer spricht das Urteil, und wer vollstreckt es? Nach hergebrachter Vorstellung der Staat. Er sollte das Leben und die Gesundheit der Bürger schützen und mit seiner überlegenen Macht das garantieren, wozu die vielen einzelnen zu schwach waren. Gesetzlosigkeit im Inneren und Kriege von außen, das waren die Gefahren, die zu erkennen und zu bekämpfen der Staat die Mittel besaß. Er konnte Ordnung und Sicherheit verbürgen; gegen die schleichende Apokalypse, gegen die Schäden und die Katastrophen, mit denen sich die Natur zur Wehr setzt, war er machtlos. Die Umwelt war als Akteur nicht vorgesehen, sie hatte keine Stimme und keinen Einfluß auf die Politik. Bemerkbar machen konnte sie sich nur über das Votum der Bürger; aber die reagierten träge und meistens erst dann, wenn es zur Hilfe schon zu spät war.

Das russische Beispiel ist lehrreich, denn mit seiner Politik der rücksichtslosen Naturzerstörung hat dieses Land Erfahrungen gemacht, die anderswo wahrscheinlich noch bevorstehen. Es ist nicht leicht, den Beitrag abzuschätzen, den der Raubbau zur Erschütterung und zum Zusammenbruch des sowjetischen Imperiums geleistet hat. Wer sich jedoch die riesigen Gebiete vor Augen stellt, die planmäßig zerstört wurden, die überflutet, unterwühlt und atomar verseucht worden sind, wird die Rolle der Ökologie nicht mehr verkennen. Sie lebte nicht bloß von einer romantischen Naturbegeisterung, sondern von der Entschlossenheit, zusammen mit den Rechten der Natur auch die der Menschen zu bewahren. Ähnlich wie im Westen bildeten sich in Rußland die ersten Bürgerbewegungen zum Schutz von Landschaften und Gewässern wie dem Baikalsee. Die Menschen hatten erkannt, daß sich ihr Einsatz zum Schutz der Umwelt von den Partei- und Staatsorganen ungleich schwerer denunzieren ließ als ihre genuin politischen Forderungen nach Freiheit, Demokratie und Bürgerrechten. Die Ökologen agierten im toten Winkel des Systems, dort also, wo der lange Arm des KGB nicht zufassen konnte oder wollte. Mit dieser Taktik hatten sie schließlich Erfolg. So wie die Sowjetmacht mit Staudammprojekten und Industriekombinaten groß geworden war, ist sie mit dem Zweifel am Sinn der Gigantomanie zugrunde gegangen. Kurz nach dem Unfall in Tschernobyl zitierte die Parteizeitung »Prawda« Friedrich Engels mit einer frühen Warnung vor den Folgen des Versuchs, die Natur den menschlichen Bedürfnissen zu unterwerfen. Man solle sich, gab Engels zu bedenken, durch die schnellen und glanzvollen Fortschritte der Technik nicht blenden lassen, denn für jeden einzelnen dieser Siege werde die Natur Rache nehmen. Nach anfänglichen Erfolgen brächten sie Ergebnisse hervor, mit denen niemand gerechnet hätte und die sehr oft den ursprünglichen Gewinn wieder aufzehrten.

Als die »Prawda« mit dieser Meldung erschien, war es natürlich längst zu spät. Die Bedeutung Tschernobyls für das Scheitern des kommunistischen Fortschrittsglaubens ist schwer abzuschätzen. Gorbatschow selbst scheint sich über die Zusammenhänge im klaren gewesen zu sein, als er von den alten Sünden des Systems sprach und dabei das Reaktorunglück mit dem militärischen Desaster in Afghanistan auf eine Stufe stellte. Der Unterschied lag freilich darin, daß das Politbüro in Afghanistan selbständig und aus eigener Machtvollkommenheit handeln konnte, in Tschernobyl dagegen auf die Rolle eines Handlangers oder Erfüllungsgehilfen zurückgesetzt war. In allen Einzelheiten waren die Autokraten auf das angewiesen, was ihnen die Sachverständigen mitteilten oder auch verschwiegen, was sie empfahlen oder wovon sie abrieten. Es gibt erhellende Berichte über die ohnmächtige Empörung, mit der Politiker und Militärs auf die Entdeckung reagierten, daß sie in einer Sache, in der es buchstäblich um das Überleben des Landes ging, nur noch formal die Kompetenz besaßen. Sie machten damals eine ähnliche Erfahrung wie die amerikanischen Senatoren, denen nach Hiroshima und Nagasaki aufging, daß sie in Fragen der nationalen Sicherheit abhängig geworden waren, abhängig vom Sachverstand der Nuklearexperten. Damals bemerkten die Politiker zum ersten Mal, daß die Wissenschaft dabei war, ihnen die Entscheidung über das Schicksal der Völker aus der Hand zu nehmen, und sie ahnten, daß sie ihren alten Status nie wieder zurückerhalten würden. Bacons Wunsch, das Wissen an die Macht zu bringen, hatte sich endlich erfüllt.

Man muß sich keine übertriebene Vorstellung vom Staat bilden, um zu verlangen, daß er die Macht, die er beansprucht, dann auch ausübt und den Gang der Dinge beherrscht. Der technisch abhängige Staat wird aber gerade hier versagen, weil er auf die Fachleute angewiesen ist, die mit ihren Konstruktionen viel tiefer, als Lorenz vom Stein das voraussehen konnte, in die geistige Welt hineinregieren. Ihre wissenschaftlichen Gesetze konkurrieren mit den Gesetzen des Staates und schieben sie unter Berufung auf den Sachzwang immer häufiger zur Seite. Als ein Gericht den in Wackersdorf geplanten Bau einer atomaren Wiederaufarbeitungsanlage aus rechtsstaatlichen Bedenken behinderte, nannte der bayerische Innenminister das Urteil in aller Öffentlichkeit einen »Schmarrn«. Nach einer zweiten Gerichtsentscheidung mit gleichem Tenor erklärte sein Staatssekretär, daß ihn das Urteil nicht viel kümmern werde; wichtig sei nur, daß es in Wackersdorf keinen Aufschub gebe. Das Ende des Projekts wurde dann weder durch ein Gericht bewirkt noch durch die Politik, sondern von den Fachleuten der Energiewirtschaft, die es sich anders überlegt hatten und mit den Franzosen einig geworden waren. Entscheidend war das eine wie das andere Mal die Eigenlogik des Systems, und die wird durch das Gutachten definiert. Wenn die Expertise vorliegt, hat sich die Frage nach dem Sinn und Zweck des ganzen erledigt.

Um den Staat aus der Rolle des ewigen Nachzüglers zu befreien und ihm die Entscheidungsfreiheit, die ihm zusteht, zurückzugeben, muß der Sachverstand Verantwortung für das übernehmen, was er zustande bringt, im Guten wie im Bösen. Der passende Ort dafür wäre kein weiteres Gutachtergremium, sondern ein neues, für alle sichtbares Verfassungsorgan mit klaren Kompetenzen. Als eine dritte Kammer hätte es neben Bundestag und Bundesrat Einfluß auf die Gesetzgebung zu nehmen und das taktische Geschick durch wissenschaftliche Kompetenz zu ergänzen. Helmut Schelsky hatte schon früh beobachtet, daß sich die Machtverhältnisse verschoben haben, »daß sozusagen die Mittel die Ziele bestimmen oder besser, daß die technischen Möglichkeiten die Antwort erzwingen«. Über diese Machtverteilung und ihre Folgen täuschen sich die Politiker, die an ihren alten Vorrechten hängen, genauso wie die Techniker, die ihre neue Rolle offenbar als eine Last empfinden. Sie wollen nicht wahrhaben, daß sie eben nicht nur Technik betreiben, sondern auch Politik, und daß sie dafür ein Mandat brauchen.

Demokratie
und Marktwirtschaft

Ursprünglich gehörte das Glück nicht zu den
Dingen, die der Staat seinen Bürgern zu garantieren hatte. Das änderte sich erst mit der amerikanischen Unabhängigkeitserklärung, die sich unter Jeffersons Einfluß dazu herbeiließ, den »Pur-
suit of Happiness« in den Katalog der Grundrechte aufzunehmen. Jefferson war allerdings er-
fahren genug, den Menschen das Glück nicht im
Namen des Staates zu versprechen, sondern als
ein individuelles Freiheitsrecht, das jeder auf
seine Weise zu verfolgen hatte. Die Regierung
sollte lediglich die Voraussetzungen schaffen; sie
wahrzunehmen und mit Inhalt zu füllen, war Sache jedes einzelnen. Man stand in der Tradition
der Menschen- und Bürgerrechte und wollte
keine Versorgungsansprüche begründen, sondern den Staat auf Distanz halten. Den Menschen
ein glückliches Leben zu versprechen, wäre den
Verfassungsgebern des achtzehnten Jahrhunderts
schon deshalb als Anmaßung erschienen, weil sie
genau wußten, daß die Meinungen in keiner
Frage so weit auseinandergingen wie in dieser.
Das Glück nicht bloß als Angebot, sondern als

einen Rechtsanspruch zu fassen, hätte bedeutet, den neugegründeten Staat in die Nachfolge der patriarchalischen Regierungsform zu stellen, von der sich die Revolutionäre doch eben erst freigekämpft hatten.

Das Patriarchalische kam erst später wieder zum Vorschein, als die sozialen Folgen der industriellen Revolution sichtbar wurden. Die Mechanisierung hatte Millionen arbeitslos gemacht und Massenarmut in bisher unbekanntem Ausmaß nach sich gezogen. Um die Menschen vor dem Schlimmsten zu bewahren, wurde die Armenfürsorge geschaffen, überwölbt und verfestigt durch das Sozialwesen als Teil der öffentlichen Verwaltung. Dabei setzte der Staat von Anfang an auf die Mitarbeit der Wirtschaft. Um die Vorsorge und die Fürsorge, die er für seine Bürger übernommen hatte, auch tatsächlich leisten zu können, brauchte er einen starken Partner. Der Wohlfahrtsanspruch war an das Arbeitsverhältnis gebunden, und für die Arbeit war nicht die Regierung zuständig, sondern die Wirtschaft. Das war die materielle Grundlage für das historische Bündnis zwischen Staatsform und Marktordnung. Wo immer westliche Verfassungsgrundsätze Einzug gehalten haben, geschah dies seither unter der Doppelfahne von Demokratie und Marktwirtschaft. Wie die Dioskuren traten die beiden überall als Paar auf, um gemeinsam für die Vorzüge der freiheitlichen Rechtsordnung zu werben.

Aber die Einigkeit fällt schwer. Beide Seiten versprechen den Menschen die Freiheit, deuten sie aber jeweils anders. Nach der klassischen Definition besteht die Freiheit darin, alles tun zu können, was einem anderen nicht schadet. Die Verfasser der französischen Menschenrechtsdeklamation, in der sich dieser Passus findet, verstanden unter Schäden all das, was ein Angriff auf die Gesundheit, das Leben oder die Bewegungsfreiheit eines anderen zur Folge haben kann. Wollte man heute mit der klassischen Definition Ernst machen, ginge es ohne massive Eingriffe in den Markt nicht mehr ab, denn die Wirtschaftsgesellschaft, in der jeder mit jedem Handel treibt und alles in Geld verrechnet wird, kennt neue und wirkungsvolle Möglichkeiten, andere zu schädigen. Die Auflagen und Verbote müßten von der chemischen Produktion über die Bautätigkeit und den Verkehr bis zu den Privatvergnügen des Rauchens, des Rasenmähens und des Motorradfahrens reichen. Je umfassender die Wirtschaft das Leben bestimmt, desto kürzer die Reihe der Tätigkeiten, die man ausüben kann, ohne einem anderen lästig zu fallen. Zum guten Teil lebt die Dynamik des Ganzen von der inzwischen hochentwickelten Fähigkeit, Produkte zu verlangen, über deren Produktionsbedingungen man sich keine Gedanken macht.

Zu diesen Bedingungen zählt der Verbrauch von vielfach herrenlosen Gütern wie Luft und

Wasser, Grund und Boden. Sie ohne Bezahlung in Anspruch zu nehmen, verbilligt die Produktion und verbessert die Absatzchancen. Hersteller und Verbraucher sind sich deswegen einig in dem Wunsch, die Vorteile zu bewahren und sich den Gewinn zu teilen, zu Lasten und auf Kosten der Natur. Verträge zu Lasten Dritter gelten zwar als unsittlich, sind aber das effektivste Mittel zur Kostendämpfung, und weil die Produktivität zu den obersten Geboten der Marktwirtschaft gehört, tut man alles, um bei den Ausgaben zu sparen. Wenn der Nutzen eines umweltbelastenden Verhaltens für den, der es verübt, groß, direkt, gewiß und unmittelbar ist, während sich die Nachteile auf viele Menschen und lange Zeiten verteilen und nur ganz unbestimmt vorausgesagt werden können, dann sei nun einmal, schreibt der Biologe Hubert Markl, die Versuchung groß, sich zum eigenen Vorteil an dem öffentlichen Kollektivgut Umwelt zu vergehen.

Ein Institut der Fraunhofer-Gesellschaft hat versucht, die Vorteile zu berechnen, und ist dabei auf abenteuerliche Summen gekommen. Allein beim Energieverbrauch sollen sich »gesellschaftliche Kosten« von sechshundert Milliarden Mark im Jahr ergeben. In diesem Umfang werden Kulturgüter beschädigt, wird die Natur verwüstet, die Landschaft entstellt und die Gesundheit von Menschen beeinträchtigt. Würden die Kosten vollständig erfaßt und dem, der sie verursacht, tatsächlich zugerechnet, wäre es mit der Ankündigung von immerwährenden Wachstumswellen wahrscheinlich vorbei; und wenn der Aufschwung dann trotzdem käme, würde er wohl kaum noch als ein Versprechen empfunden, sondern als Drohung oder Gefahr. Aber damit ist nicht zu rechnen, denn die Logik des Systems läuft umgekehrt. Um von der Idee des immerwährenden Fortschritts nicht lassen zu müssen, täuscht man sich selbst und andere über seinen Preis und ist im Stillen heilfroh, die Kosten des permanenten Wirtschaftswunders nicht allzu genau zu kennen, jedenfalls noch nicht.

Adam Smith, der Patron der freien Marktwirtschaft, war sich über den Angelpunkt des Systems im Klaren. Er wußte, daß Käufer und Verkäufer über den Preis zusammengeführt wurden: daher seine fast schon pathologische Empfindlichkeit gegen alles, was nach Preisabsprache und Preisverzerrung aussehen konnte. Wo zwei oder drei Unternehmer beieinander saßen, um über ihre Geschäfte zu reden, witterte er ein Komplott gegen die Verbraucher. So etwas zu verhindern, war Sache der Marktkontrolle. Sie hatte dafür zu sorgen, daß die Spielregeln für alle gleich blieben und niemand die Möglichkeit erhielt, sich anderen gegenüber auf Dauer Vorteile zu verschaffen. Schon deshalb war Smith weit davon entfernt, die Wirtschaft zu vergöttern und aus dem Ökonomismus eine Art Staatsreligion zu machen. Er

brauchte die Obrigkeit als Garanten der Markt-
aufsicht, der allen gleiche Chancen bot. Das ist
der Sinn des vielzitierten Bildes von der unsicht-
baren Hand, denn diese Macht konnte ja nur deshalb alles zum Guten wenden und sicherstellen,
daß die durchaus eigennützige Tätigkeit der vielen einzelnen am Ende doch noch zum Wohle des
Ganzen ausschlug, weil ihr die sichtbare Hand
des Staates zu Hilfe kam. Es war Sache der Regierung, die Regeln durchzusetzen, die das Chaos
des Marktes zähmen und fruchtbar werden lassen konnten. Die Behauptung, es könne politisch
nicht richtig sein, was wirtschaftlich falsch ist,
wäre Smith nur als die Anmaßung vorgekommen, die sie ja tatsächlich auch ist. Für ihn stand
fest, daß die Freiheit des Wirtschaftslebens genauso wie die Freiheit des einzelnen nur dann
von Entstellungen verschont bleiben konnte,
wenn eine Schutzmacht für sie einstand. Je selte-
ner sie tätig werden mußte, desto besser. Aber
wenn diese Macht auftrat und der Staat einzugreifen hatte, dann sollten die Kompetenzen klar
sein.

Sind sie das noch? Hat nicht der Staat, seit er
als Protektor und Garant des wirtschaftlichen
Wohlstands auftritt, in ökonomischen Dingen
seine Souveränität verloren? Muß er mitmachen
und subventionieren und in allen Fragen zunächst einmal darauf achten, daß die Wirtschaft
auf ihre Kosten kommt? Als der chinesische Mi-

137

nisterpräsident Li Peng die Bundesrepublik be-
suchte, ging es zwischen den Regierungschefs der
beiden Länder zu wie unter Geschäftsleuten. Die
amtlichen Kommuniqués berichteten von Ver-
tragsabschlüssen und Aufträgen in Milliarden-
höhe, sonst allerdings von nichts. Daß Li Peng
die widersetzlichen Studenten auf dem Platz des
Himmlischen Friedens von Panzern hatte über-
rollen lassen, hat die offiziellen Gespräche offenbar kaum belastet. Der Bundeskanzler trat auf,
als wäre er der Geschäftsführer einer GmbH &
Co. KG, er pries den Umfang des chinesischen
Marktes und empfahl sich und seine Deutschen
für die Aufgabe, ihn zu beliefern. Das war ein
Ton, auf den die Chinesen gern eingingen. Der
Wirtschaftstotalitarismus ist offenbar die Brücke,
auf der sich Diktatoren und Demokraten gern begegnen. Den meisten Deutschen wird Li Peng
aus dem Herzen gesprochen haben, als er sie
dazu einlud, sich auf das Kommerzielle zu beschränken, weil Politik ja doch nichts anderes sei
als Wirtschaft. Als Vertreter eines Landes, in dem
es einen Markt gibt, aber keine Menschenrechte,
hatte er zu dieser Bemerkung Anlaß; für einen
Demokraten muß sie jedoch wie Hohn klingen.
Trotzdem haben ihm die Deutschen nicht wider-
sprochen, wahrscheinlich deshalb nicht, weil sie
in dieser Sache ähnlich denken wie er. Sie hängen
am Bruttosozialprodukt, lieben die Geschäfte
und sind stolz auf ihre Bedeutung als weltweit

führende Industrienation. Vielleicht wären sie sogar dazu bereit, auf die Demokratie zu verzichten, wenn ihnen nur die Marktwirtschaft, die Quelle ihres Selbstbewußtseins und ihres Reichtums, erhalten bliebe.

Im Verhältnis zur Wirtschaft ist der Staat nicht mehr führend und kaum noch gleichberechtigt, sondern zweitrangig geworden. Seine Versprechen, die Beschäftigung zu garantieren, die Wirtschaft zu beleben und den Aufschwung zu sichern, machen ihn zum Ziel von Erpressungsversuchen, die meistens auch noch recht erfolgreich sind. Nicht genug damit, daß er für alle möglichen Industriezweige einstehen muß, werden ganze Branchen neu geschaffen, die es ohne öffentliche Subventionen nie gegeben hätte. Sobald die Zuschüsse eine bestimmte Höhe überschritten haben, wirken sie wie ein Ballastgewicht, das die Planung unabänderlich weitertreibt. Die Betreiber der Magnetschwebebahn haben alle Versuche, nachzurechnen und die ursprünglichen Annahmen über Reisegewohnheiten und Verkehrsbedürfnisse im Lichte neuer Erfahrungen zu überprüfen, mit dem Argument zurückgewiesen, daß es für so etwas schon zu spät sei. Nachdem die Öffentlichkeit so viel bezahlt habe, könne man jetzt nicht mehr aufhören. Nach diesem Muster sind schon der Rhein-Main-Donau-Kanal und der Schnelle Brüter in Kalkar zu Ende gebaut worden, wider alle Vernunft. Es entstanden Betonminen, deren Wirtschaftlichkeit, wenn überhaupt, sich nur mit der Technik der politischen Buchführung hätte nachweisen lassen. Die horrenden Summen, die erforderlich sind, um sie zu unterhalten und schließlich wieder abzureißen, kann der Staat nicht mehr verweigern, denn die Wachstumsgelöbnisse, mit denen er zunächst andere bestochen hatte, haben ihn selbst abhängig gemacht. Er hat keine Wahl mehr und muß die Wünsche, die er geweckt hatte, um einen hohen Preis erfüllen.

Es brauchte lange, bis dieser Preis fühlbar wurde, denn er fiel in einer Währung an, für die die Wirtschaft keinen Sinn besitzt. Die Amerikanerin Rachel Carson war eine der ersten, die in ihrem Buch »Der stumme Frühling« die langfristig verheerenden Folgen des modernen Wirtschaftslebens darstellte. Das 1962 erschienene Werk hat den Umweltschutz fast über Nacht zu einem Thema der Politik gemacht. Es dokumentiert und schildert, wie der massenhafte Gebrauch von Chemikalien das empfindliche Gleichgewicht der Natur umstürzt, die Flora vergiftet, die Fauna schwächt und am Ende den Menschen selbst bedroht. Stumm, meinte Rachel Carson, wird der Frühling deshalb werden, weil es keine Vögel mehr gibt, die ihn mit ihrem Gesang erfüllen. Sie werden ein Opfer der Habgier, mit der die Natur, wie es der gängige Euphemismus will, »in Wert gesetzt«, in Wahrheit aber doch nur unterjocht und ausgebeutet wird. Schon der Titel reißt den Horizont weit auf und erinnert daran, daß einer Welt ohne Singvögel mehr und anderes bevorsteht als die Gefahr von Mißernten, Artenschwund oder meßbare Einbußen in der Ertragskraft von Arbeit und Kapital. Aldous Huxley hatte die Botschaft richtig verstanden, als er nach der Lektüre des Buchs sich deprimiert und aufgeregt an seinen Bruder, den Biologen Julian Huxley, wandte: »Wir sind dabei, die Grundlagen der englischen Lyrik auszurotten!« Tatsächlich gehen die Verluste der intensiven Wirtschaftstätigkeit über das bloß Wirtschaftliche hinaus. Die »Sophisten, Ökonomisten und Rechenmeister, die alle Schönheiten dieser Erde in Geld ausmünzen«, werden von alldem aber nichts bemerken. Deswegen setzte Edmund Burke auf einen starken, autonomen Staat. Nur der konnte die Wirtschaft daran hindern, die ganze Welt als Ware zu behandeln und unter dem selbstgerechten Anspruch, den Menschen Arbeit zu schaffen, die Natur zu ruinieren.

Allerdings geht der Wandel langsam genug vonstatten, das ganze Ausmaß der Verluste zu verbergen. Zusammen mit der Erinnerung an eine vormoderne Zeit verkümmert der Wille, gegen den Fortschritt das zu verteidigen, was er an Opfern nicht wert ist. Man wird nur das bewahren wollen, was man liebt, und nur das lieben können, was man kennt. In seiner Rede auf dem

Hohen Meißner hat sich Ludwig Klages schon 1913, ein Jahr vor Ausbruch des Ersten Weltkriegs, über die Zeitgenossen mokiert, die für die Schönheit einer Landschaft keinen Sinn mehr hatten, »die schon Natur zu sehen glaubten beim Anblick eines Kartoffelfeldes und auch höhere Maßstäbe befriedigt fanden, wenn in den mageren Chausseebäumen einige Stare und Spatzen zwitscherten«. Nur wer die Welt vor dem Einbruch des Fortschritts erlebt hat und weiß, wie vollkommen Natur und Kultur zusammenwirken können, wird ermessen, was der Strukturwandel in Wirklichkeit bedeutet. Ein früherer Gutsbesitzer, der nach über vierzig Jahren seine alte Heimat in Mitteldeutschland wiedersah, war über die Veränderungen schockiert. In einem Brief berichtet er, »wie das einstige Paradies von Gestrüpp und Unkraut überwuchert, die Schinkelbauten verfallen und verrottet, die Teiche und Gräften von der Gülle der Kühe verschlammt, die Nachtigallen von den Krähen vertrieben sind«. Die Schinkelbauten lassen sich restaurieren, die Teiche und die Gräften mit einigem Aufwand wieder säubern. Aber die Nachtigallen werden so bald nicht zurückkommen. Wer niemals eine Nachtigall gehört hat, wird sie auch nicht vermissen.

Alles, was diese Texte erwähnen, die Stare, Spatzen oder Nachtigallen wie überhaupt die ganze Mannigfaltigkeit der Schöpfung, gehört zu dem, was der Gesetzgeber als die natürlichen Grundlagen des Lebens bezeichnet und dem Schutz der Verfassung unterstellt hat. Wenn er es ernst meint mit dieser Absicht, hätte er die konservatorischen Aufgaben der Politik ganz anders, nämlich höher zu bewerten und ökologische Forderungen auch dort zu beachten, wo sie zu Lasten der Wirtschaft gehen. Dazu müßte er freilich in einer unabhängigen Position sein, und das ist er nicht. Er ist den Wachstumspropheten und Aufschwungproduzenten hörig geworden. Sie haben ihn in der Hand und können ihn dazu zwingen, hinter dem, was sie für vordringlich halten, alles andere zurücktreten zu lassen.

Aber die Demokratie läßt sich nicht auf eine Wirtschaftsordnung zurückführen, jedenfalls nicht ohne Einbußen. Sie verlangt andere Fähigkeiten und belohnt andere Eigenschaften als der Handel, und sie verkümmert, wenn sich die Bürger nur noch als Marktteilnehmer begegnen. Wer die demokratischen Institutionen auf ihre ökonomischen Aspekte verkürzen will, schreibt der kanadische Kommunitarist Charles Taylor, verkennt den Kern der abendländischen Tradition, »daß nämlich jede freie Regierungsform einer starken Identifikation von Seiten ihrer Bürger bedarf – etwas, was Montesquieu vertu nannte. Die Bürger müssen die Pflichten auf sich nehmen, manchmal sogar unter persönlichen Opfern, die die Pflege ihres Gemeinwesens mit sich bringt, und es gegen seine Feinde verteidigen. Sie müssen Steuern zahlen, sich an die Gesetze halten und sich engagieren, wenn ihre Gemeinschaft von innen oder außen bedroht ist«. Sie müssen das nicht nur tun, sondern auch tun wollen. »Das aber setzt voraus, daß die Bürger einen starken Sinn für die Zugehörigkeit zu ihrem Gemeinwesen haben, ja, daß sie im äußersten Fall dazu bereit sind, für es zu sterben.« Über alles das können sie etwas in der Schule oder in der Familie lernen, während der Dienstzeit oder auf Reisen, in der Wirtschaft aber nur wenig. Der amerikanische Romancier Joseph Heller scheint diese spannungsreiche Symbiose im Auge gehabt zu haben, als er meinte, Demokratie und Marktwirtschaft gehörten zusammen, vertrügen sich aber nicht.

Sicher ist, daß der Staatsmacht in Gestalt der großen, weltweit tätigen Unternehmen eine Gegenmacht entstanden ist, von der die klassische Theorie noch nichts ahnte. Allein in der Europäischen Gemeinschaft gibt es eine ganze Reihe von Firmen, die mit ihrem Jahresumsatz den Haushalt der ärmeren Mitgliedsstaaten mühelos in den Schatten stellen. Man hat erlebt, daß Währungsspekulanten eine Staatsbank zur Abwertung gezwungen haben, und kann sich ausrechnen, daß Griechenland im Jahr ein knappes Drittel dessen ausgibt, was General Motors umsetzt. Wenn sie nicht überall ins Hintertreffen geraten wollen, müssen sich die Staaten etwas mehr einfallen lassen als das bekannte Lied von Währung, Wohlstand, Wirtschaftswachstum, denn diese Melodie beherrscht jedes größere Unternehmen besser als sie. Das erklärt die erstaunliche Karriere eines politischen Homo novus wie Silvio Berlusconi. Er wirkte vor allem deshalb überzeugender als seine Konkurrenten, weil er die Wähler daran erinnern konnte, daß er handelte, wo die anderen nur redeten, und einige zehntausend Menschen mit Arbeit versorgt hat. Die Italiener brauchten nur das zu tun, was ihnen von allen Parteistrategen empfohlen worden war, sie brauchten nur Worte mit Taten zu vergleichen und danach zu entscheiden. Forza Italia zu wählen, war in ihrer Lage konsequent.

Bei dem Versuch, Politik nach dem Vorbild der Wirtschaft zu betreiben, hat sich Berlusconi als geschickter erwiesen als alle seine Vorgänger und Konkurrenten. Das heißt noch längst nicht, daß er damit auch Erfolg haben wird, denn straflos läßt sich die Regierungstätigkeit wahrscheinlich niemals auf das Wirtschaftliche reduzieren. Doch könnte Italien unter seiner Führung noch einmal zu jenem politischen Laboratorium werden, das es in der ersten Hälfte des Jahrhunderts schon einmal gewesen war. Wahlkämpfe würden dann endgültig zu Reklamefeldzügen, Parteien zu Fanclubs, das Kabinett zum Führungsteam und Politik zum Management, in dem nicht mehr Ideen zählen, sondern Effizienz.

Das bürgerliche Zeitalter ginge dann zu Ende, ohne daß der Bürger als ein politisches Wesen einen Nachfolger gefunden hätte. Er würde ersetzt durch den Verbraucher, der ständig die Preise vergleicht und beim günstigsten Angebot zugreift. Die vorläufigen und wechselhaften Beziehungen, die im Privatbereich längst üblich geworden sind, würden dann auch das öffentliche Leben prägen, und der Staat könnte sich auf seine Bürger genauso fest verlassen wie ein Supermarkt auf seine Kundschaft. Es beweist Berlusconis Gespür, daß er die Entwicklung mitbekam und schneller nutzte als die anderen. Ralf Dahrendorf, der als Mitglied des Britischen Oberhauses Vorsitzender einer Kommission über den gesellschaftlichen Wandel ist, berichtet von ähnlichen Tendenzen in England: »Menschen sind nicht mehr Bürger, nicht einmal Wähler, sondern Käufer und Konsumenten, und immer häufiger Kunden. Die öffentlichen Verkehrsmittel, die Krankenhäuser, die Hochschulen haben auf einmal nicht mehr Passagiere, Patienten und Studenten, sondern Kunden, die dementsprechend behandelt werden und die sich dementsprechend verhalten sollen.«

Was bleibt, schreibt Dahrendorf, sei entweder Zwang oder Anreiz; wo der Zwang ausscheidet, also nur noch Anreiz. Die Parteien haben sich auf diese Lage eingestellt, als sie begannen, die Bürger als Dienstleistungsunternehmen zu umwerben und ihnen ihre Stimme mit Sonderangeboten abzukaufen: Wer am meisten versprach, der hatte sie. Was man früher den Wählerstamm nannte, wurde zu einer launischen Klientel, die ihren Vorteil suchte und weiterzog, wenn sie ihn gefunden hatte. Die politische Klasse hat die Menschen darin bestärkt, ihr ganzes Glück im Wohlstand zu suchen, im Nachbarn den Konkurrenten und im Staat die große Firma zu sehen, die Loyalität verdient, solange sie für Arbeit sorgt; und die man wechselt, wenn sie das nicht schafft. Auf diese radikale Wirtschaftsgesinnung kann der Staat aber nicht bauen, er braucht andere Tugenden als die des Arbeiters und Unternehmers. Schon deshalb ist der Ruf nach Arbeit! Arbeit! Arbeit!, der jüngste Wahlkampfslogan der SPD, mehr als einfältig. Er täuscht die Wähler über das, was sie von der Politik erwarten dürfen, und redet ihnen ein, das Verhältnis zwischen Bürgern und Staat als Geschäftsbeziehung aufzufassen. Dem Bild der Marktwirtschaft mag so etwas entsprechen, eine Demokratie wäre es aber nur dem Namen nach. Die beiden mögen unzertrennlich sein, genauso unzertrennlich wie die Dioskuren. Castor und Pollux sind von den Griechen und den Römern immer gemeinsam verehrt worden, aber nur einer von ihnen als Gott.

Die veruntreute Zukunft

Als die Verfassungsgesetzgeber im 18. Jahrhundert darangingen, ihre Staaten nach einer geschriebenen Ordnung neu einzurichten, wollten sie es nicht nur relativ besser machen als ihre Vorfahren. Sie waren überzeugt, Erkenntnisse zu besitzen, die es ihnen erlaubten, den öffentlichen Angelegenheiten eine für alle Zeit gültige Form zu geben. Mit ihnen begann die Epoche der Revolutionen, von denen sich noch jede früher oder später zu einer Theorie des letzten Gefechts bekannt hat. Man wollte nicht nur die Stadt oder das Land, sondern die ganze Erde von den Tyrannen und Klassenfeinden befreien – ein für allemal. Wenn erst die Lebensverhältnisse ihre endgültig richtige Gestalt gefunden hätten, würde nicht nur ein neues und schöneres Zeitalter anbrechen, sondern das letzte und beste. Statt vorläufiger Erkenntnisse oder vergänglicher Klugheitsregeln wollte man die natürlichen Gesetze verkünden, jetzt auch für den Staat. Das Vorbild waren die exakten Wissenschaften, die in der Aufklärung einen vielbewunderten Aufschwung genommen hatten. Alles habe sich in der Physik geändert, erklärte Robespierre mit allen Zeichen der Ungeduld, jetzt hätten sich auch Moral und Politik zu verändern.

Schon bevor die Exzesse der Aufständischen diese Zuversicht grundsätzlich erschüttert hatten, waren jedoch erste Zweifel laut geworden. Der Anspruch, einen Standpunkt gewonnen zu haben, der gleichsam außerhalb der Geschichte lag und es erlaubte, für die Ewigkeit zu bauen, erschien nicht bloß anmaßend, sondern auch widersprüchlich. Zumindest die Skeptiker unter den Revolutionären waren sich bewußt, daß sie ein Recht, das sie sich selbst genommen hatten, das Recht zum Neubeginn, ihren Nachfahren kaum vorenthalten konnten. Bei Thomas Paine, dem aufmerksamen Beobachter der amerikanischen Verfassungsentwicklung, äußerte sich dies Bewußtsein in klaren und harten Worten. Er empfand den Anspruch des Gesetzgebers, die Wahrheit zu besitzen und festzuschreiben, als eine Zumutung und nannte den Versuch, über das Grab hinaus zu regieren und auch die Kinder den eigenen Gesetzen zu unterwerfen, die unverschämteste und lächerlichste Art der Tyrannei. Die französische Verfassung von 1793 zog aus dieser grundsätzlichen Schwierigkeit eine grundsätzliche Konsequenz, als sie in einem eigenen Artikel die Möglichkeit garantierte, »die Verfassung zu revidieren, zu verbessern und zu verändern«. Keine Generation, hieß es in der Begründung, habe das Recht, künftige Generationen zu fesseln.

Die Zukunft sei offen, würde es heute heißen, die Entwicklung müsse weitergehen. Sie geht auch weiter, verläuft allerdings in Bahnen, die von der lebenden Generation ziemlich rigoros abgesteckt und bis in eine unabsehbare Zukunft hinein verlängert werden. Die Gegenwart will ihre Freiheit, sie nimmt sie sich auch, und sie nimmt sie sich ganz. Freiheit, heißt es bei Montesquieu, besteht in der Sicherheit »oder in dem Glauben, man habe seine Sicherheit«, wie er als erfahrener Mann hinzufügte. Der moderne, auf Fürsorge und Vorsorge ausgerichtete Staat hat die Möglichkeiten, die sich aus dieser Unklarheit ergeben, erkannt und genutzt. Er teilte einfach und bot den einen die Sicherheit, den anderen das Gefühl von Sicherheit. Die einen, das waren die Stimmbürger, das große Heer der Arbeiter und Angestellten, der Produzenten und der Konsumenten, der Rentner und der Beitragszahler; die anderen waren alle, die noch nicht wählen durften oder konnten, die Kinder also und die Ungeborenen. Sie sind zu Opfern jener Gegenwartsversessenheit geworden, die Platon als den entscheidenden Mangel der Demokratie empfunden hatte. Er beschrieb die demokratischen Gefälligkeitspolitiker als schlechte Köche, die den Menschen zwar zu Willen sind, sich um ihre Gesundheit aber gar nicht kümmern. »Sie mästen die Bürger mit allem, was ihnen gerade zur Hand ist und ernten dafür auch noch Anerkennung, obwohl sie ihre Opfer am Ende doch ganz und gar zugrunde richten.« Kurzsichtig, wie sie nun einmal wären, legten die Wähler ihre Beschwerden und Unzuträglichkeiten aber niemals den wirklich Verantwortlichen zur Last, sondern beschuldigten und verdammten diejenigen, derer sie gerade habhaft werden könnten. »Diesen Politikern machen sie Vorwürfe und bestrafen sie vielleicht sogar, wenn es ihnen möglich ist. Die Vorgänger dagegen, die an ihren gegenwärtigen Leiden doch die eigentliche Schuld tragen, heben sie mit ihren Lobsprüchen in den Himmel.«

In Deutschland hat die Regierung spätestens 1957 der Versuchung nachgegeben, Politik kurzfristig zu betreiben und der Gegenwart um jeden Preis gefällig zu sein. Das sogenannte Umlageverfahren, das zwar bisher schon als Gewohnheitsrecht in der Rentenversicherung praktiziert worden war, wurde damals zum Gesetz. Es machte die Floskel von der selbsterarbeiteten Rente, die von den Politikern so gern vorgesprochen und von den Bürgern so gern geglaubt wird, endgültig zur Fiktion. Denn von jetzt an lebten die Versicherten im Alter nicht mehr von den eigenen Ersparnissen, sondern von dem, was die nächste Generation für sie aufbringen mußte. Das Modell konnte nur so lange Bestand haben, wie das Verhältnis zwischen Einnahmen und

Ausgaben langfristig annähernd stabil blieb und keine Seite Angst haben mußte, von der anderen übervorteilt zu werden. Anonyme Vertragsbeziehungen leben ja nicht von dem Wunsch, einander Gutes zu tun, sondern von dem Vertrauen in die Gesetzmäßigkeiten des gegenseitigen Gebens und Nehmens. Die zuständigen Politiker versichern zwar, daß dieser Mechanismus weiterhin in Kraft bleibt und sich aus Produktivitätsgewinnen oder durch Zuwanderung genug erwirtschaften läßt, um die Renten auch in Zukunft zu bezahlen. Der beschwörende Tonfall, in dem das neuerdings geschieht, läßt allerdings daran zweifeln, ob sie an ihre Worte glauben. Schließlich kennen sie die Tatsachen, und aus denen ergibt sich etwas anderes.

Adenauer hatte, als er den Torso der Rentenreform passieren ließ, auf den natürlichen Kinderwunsch gesetzt. Das war schon deshalb leichtsinnig, weil dieser Wunsch durch das System beeinflußt wird, die Natur also keine Konstante ist, auf die man sich in jedem Fall verlassen kann. Tatsächlich hat sich diese »Natur« ja auch vollständig verändert. Als sich die Effekte der Reform herumgesprochen hatten, begann die Zahl der Geburten drastisch zu sinken, in den zehn Jahren zwischen 1965 und 1975 hat sie sich nahezu halbiert. Die moderne Medizin hatte den Menschen die Möglichkeit in die Hand gegeben, die Zahl ihrer Kinder zu begrenzen. Daß dies dann auch so schnell und rigoros geschah, hat aber auch noch andere Ursachen, von denen sich die Rentenversicherung als eine der wichtigsten erwiesen hat. Indem sie trennte, was zusammengehört – die Sicherheit im Alter und die Existenz von Kindern – trug sie auf ihre Weise dazu bei, daß sich die Bevölkerungspyramide in einen Pilz mit hohem Fuß und kräftigem, weit ausladendem Hut verwandelt hat. Ihre sonderbare Gestalt wäre ohne den Beitrag der Sozialpolitiker, die den Gewinn der Kinder an alle verteilten, die Lasten dagegen, die Kinder eben auch bedeuten, bei den Eltern ließen, kaum zustande gekommen. Es war tatsächlich ein Jahrhundertwerk, mit langfristig fatalen Folgen. Nachdem die Reform gegriffen und sich der Altersaufbau verändert hatte, wurden die Verantwortlichen zu Gefangenen ihres eigenen Erfolges. Sie schienen nicht mehr handeln zu können, sondern die Vorgänge, zu denen sie selber so viel beigetragen hatten, nur noch wie Neugierige zu verfolgen, die am Ufer eines Flusses stehen und sich fragen, wo der wohl hinfließt.

Obwohl sie sich unablässig bewegten, kamen sie nicht mehr vom Fleck. Das Gesundheitswesen ist in wenigen Jahren mehrfach reformiert worden, jedesmal mit dem Anspruch, die Dinge endgültig ins Lot zu bringen. Es dauerte aber immer nur wenige Monate, bis sich die Wirkungslosigkeit aller Eingriffe herausstellte und der nächste Katalog von Maßnahmen nötig wurde. Während die Wohlfahrtspolitiker Solidarität predigten, stachelte das System den Egoismus der Akteure an, und dieser Reiz war selbstverständlich stärker. Solange der Widerspruch zwischen dem, was verlangt wird, und dem, was möglich ist, bestehen bleibt, wird er die Reformmaßnahmen ein übers andere Mal scheitern lassen.

Was sich am Ende durchsetzt und den Ausschlag gibt, ist das geballte Stimmgewicht derer, die sich von dem System begünstigt fühlen dürfen. Der immer noch als Regel unterstellte Lebensstil, bei dem der Mann das Einkommen erwirtschaftet, die Frau den Haushalt führt und ein paar Kinder großgezogen werden, ist längst zur Ausnahme geworden. Er wurde verdrängt vom neuen Leitbild des berufstätigen Paares mit zwei Einkommen, aber keinen Kindern. Wer in der Gesellschaft etwas gelten will und die als zeitgemäß empfundenen Verbrauchsgewohnheiten mitmachen möchte, muß sich an diesem Maßstab orientieren. In welchem Umfang das geschehen ist, kann man der Haushalts- und der Einkommensstatistik entnehmen. Der alte Spottvers, nach dem die Aufzucht von Schweinen eine produktive, die Erziehung von Kindern aber eine unproduktive Tätigkeit ist, wird von der ökonomischen Unvernunft der Erwerbsgesellschaft völlig ernst genommen. Alle Vorstöße, die massiven Nachteile, unter denen die Familie leidet, abzubauen oder auch nur zu mildern, sind von der Regierung mit Verzögerungen, Ausflüchten und halben Maßnahmen beantwortet worden. Den entscheidenden Schritt, das Steuerrecht der Lebenswirklichkeit anzupassen, hat sie bis heute nicht getan. Sie scheint zu schwach zu sein, um etwas zu riskieren.

Die Weimarer Verfassung war in dieser Hinsicht eindeutig gewesen. Sie hatte die Ehe »als Grundlage des Familienlebens und der Erhaltung und Vermehrung der Nation« unter Schutz gestellt. Die Formulierung war zwar zeitbedingt, deswegen aber doch nicht falsch, denn in der Tat kann der Staat seine Absicht, die Ehe zu fördern, kaum anders begründen als mit der Erwartung, daß sie sich irgendwann zur Familie erweitert. Das Grundgesetz hat diese Zusammenhänge natürlich auch gekannt, sie aber nicht mehr ausdrücklich erwähnt; wahrscheinlich deshalb nicht, weil es das Odium scheute, das sich nach den Exzessen der nationalsozialistischen Volkstumspflege mit dem Begriff der Familienpolitik verband. Deswegen verzichtete das Grundgesetz auf jede funktionale Begründung und stellte Ehe und Familie gleichberechtigt unter Schutz. Das war, wie man inzwischen sehen kann, die falsche Lektion, denn es erlaubte dem Staat, das Auseinanderfallen von Ehe und Familie zu ignorieren. Die äußerliche Gleichstellung diente ihm als Ausrede, um unter Berufung auf das Grundgesetz die beträchtlichen Hilfen, die für die eine bestimmt waren, der anderen zukommen zu lassen. Diesen Mißstand zu beenden, den tatsächlichen Gegebenheiten gerecht zu werden und die Bevorzugung der Ehe durch eine Entlastung der Familie zu ersetzen, ist tausendmal gefordert und fast ebensooft zugesagt worden. Es scheiterte aber immer wieder am Widerstand der Begünstigten, die ihren steuertechnisch hoch subventionierten Besitzstand mit niemandem teilen wollten.

In mindestens drei Grundsatzurteilen hat das Bundesverfassungsgericht die Regierung dazu aufgefordert, endlich tätig zu werden und das Grundgesetz seinem Sinn nach zu erfüllen. Der frühere Gerichtspräsident Wolfgang Zeidler hat die Lage als eine Perversion der Verfassung dargestellt und von einer elementaren Gefahr für den Bestand des Staates gesprochen. Lege man die Maßstäbe eines sonst überall akzeptierten Vernunftdenkens und rationalen Abwägens der ökonomischen Gegebenheiten zugrunde, sei eigentlich kaum noch zu verstehen, »daß sich überhaupt noch wenigstens einige Eltern bereitfinden, die gesellschaftliche Aufgabe – Geburt, Unterhalt und Erziehung mehrerer Kinder – quasi gratis zum Nutzen ihrer Mitbürger zu leisten«, schrieb er im Handbuch des Verfassungsrechts. Wenn nichts geschehe, kündige sich das soziale Chaos mit geradezu versicherungsmathematischer Genauigkeit an. Sehr hoffnungsvoll scheint Zeidler allerdings nicht gewesen zu sein, denn er schloß seine Darstellung mit der düsteren Aussicht auf einen Kleinkrieg zwischen den Generationen. »Der Kommentar der Historiker des Sozialrechts ist vorauszusehen: Weil die Ehe gefördert wurde, ging die Familie zugrunde.«

Bisher spricht wenig gegen die Vermutung, daß Zeidler mit seiner Prognose recht behält. Zwar stellt der moderne, auf Fortschritt eingeschworene Industriestaat mit seinem Bekenntnis zur ständigen Erneuerung alle seine Vorgänger in den Schatten. Er verläßt sich auf die Originalität und den Fleiß seiner Bürger und hält den Einfallsreichtum für die solideste Grundlage des Reichtums. Die lebensgeschichtlichen Voraussetzungen dieser Strategie und die Erinnerung daran, daß nicht jedes Alter in gleicher Weise produktiv sein kann, scheint er jedoch vergessen zu haben. Besorgt um ihren Wahlerfolg gehen die Parteien mit schlechtem Beispiel voran und werben mit der kuriosen Behauptung, die Zukunft läge neuerdings bei den Alten. Sie wissen, wo die meisten Stimmen zu holen sind, und drehen sich nach dem Wind. Damit können und werden sie Wahlen gewinnen, die Zukunft aber sicher nicht. Unbeeindruckt von solchen Reklamefeldzügen, deren Absicht leicht zu durchschauen ist, reagieren nur die Ausländer. Sie vergleichen die jungen Staaten Südostasiens mit dem altersseligen Europa und amüsieren sich über den Anspruch der Deutschen, der Welt wieder mal ein Beispiel zu geben, diesmal in der Technik des erfolgreichen Alterns.

Kurt Biedenkopf hat einmal davor gewarnt, Politikern zu glauben, die eine Sache als unmöglich bezeichnen. Die Behauptung, irgend etwas nicht tun zu können, sei in der Regel nur eine Ausrede dafür, daß man es nicht tun will. Man versteckt sich hinter dem Schicksal, weil man zu träge oder zu ängstlich zum Handeln ist – und handelt damit eben doch. Der abrupte Rückgang der Geburtenzahlen in der früheren DDR, eine der unerfreulichsten Folgen der Einigung, war eine Antwort auf die Erfahrungen des Umbruchs. Die Ostdeutschen hatten die Botschaft, die ihnen aus dem Westen zugerufen wurde, richtig verstanden. Sie hatten gemerkt, daß sich die Prioritäten geändert hatten, daß sie jetzt Teil eines Landes waren, das seine Zukunft im Alter und nicht mehr in der Jugend sieht, und haben sich in ihrem Verhalten danach gerichtet. Schicksal war daran nur das allerwenigste.

In ihrem Buch über die Zukunft des Sozialstaates, das 1980 erschienen ist, haben Herbert Ehrenberg und Anke Fuchs die neue Rangordnung ausführlich begründet. Ihr Vorschlag, sich bei der Verteilung von Haushaltsmitteln den Alten zu- und von den Kindern abzuwenden, entsprang einem nüchternen Kalkül. Die konsequente Anwendung des Umlageverfahrens, schrieben die beiden, verlange nach einer Umschichtung des Sozialbudgets zugunsten der Alterssicherung, denn »ein großer Teil der gestiegenen Rentenzahlungen könnte durch verringerte Ausgaben für die nachwachsende Generation kompensiert werden«. Wenn sich knapp fünfzehn Jahre später Rudolf Dreßler, der Nachfolger von Frau Fuchs und Herbert Ehrenberg als sozialpolitischer Sprecher seiner Fraktion, darüber erregt, daß in keiner anderen Bevölkerungsgruppe die Zahl der Sozialhilfe-Empfänger stärker gestiegen sei als in den Familien mit Kindern, beklagt er offensichtlich nur die Folgen dessen, was seine Vorgänger angeregt hatten und was die Mehrheit seiner Fraktion, im Hinblick auf das Stimmgewicht der alten Leute, wohl auch noch heute will.

Im Ernst ist keine Partei dazu bereit, für die Zukunft mehr aufzuwenden als ein paar schöne Worte. Max Weber bezeichnete diese Haltung, die ihr politisches Streben auf materielle Ziele beschränkt »oder doch auf das Interesse der eigenen Generation«, als Spießbürgertum. Sein eigentliches Kennzeichen sei »das Fehlen des Bewußtseins für das Maß der Verantwortung gegenüber unserer Nachkommenschaft«: für Weber, wie er sagte, das Kriterium, das ihn von der Sozialdemokratie trennte. Heute müßte es einen Mann wie ihn nicht nur mit einer einzigen Partei, sondern mit der gesamten Politik über Kreuz bringen. Das Gefühl, sich breitmachen zu dürfen, zu nehmen, was man kriegt, und nichts mehr wieder herzugeben, ist überall verbreitet. Heidemarie Wieczorek-Zeul brachte es besonders klar zum Ausdruck, als sie auf die Frage, wie sie sterben wollte, zur Antwort gab: »Am liebsten nie.«

Wo alles wächst, muß auch die Zahl der Jahre wachsen, und die Länge des Lebens wird zum ersten und einzigen Maßstab für seine sogenannte Qualität. Der Tod erscheint dann nicht länger als das natürliche Ende, sondern als ein Defekt, der mit Hilfe der Biotechnologie abgestellt werden kann und muß. Mit den gesellschaftlichen Folgelasten, die man sich auf diesem Wege einhandelt, meint man durch einen weiteren Ausbau des Sozialstaats fertig zu werden, durch höhere Produktivität, mehr Frauenarbeit und verstärkte Einwanderung. Das sind die Kehrseiten der schönen neuen Welt, die ihre Hoffnungen ins Alter setzt. Über den Verlust an Lebensmut und Lebenslust und Lebenszuversicht, der ja nicht erst noch zu erwarten ist, sondern jetzt schon spürbar wird, sagen diese Projektionen nichts. Derartige Verluste lassen sich nicht berechnen, und was sich nicht berechnen läßt, das darf es auch nicht geben.

Vielleicht kann man in der Studentenbewegung am Ende der sechziger Jahre den letzten energischen Versuch der Jugend sehen, sich der Bevormundung durch die Alten zu entziehen. Anpassung ist damals, im Kampf gegen das Establishment, nicht zufällig zum Inbegriff einer Haltung geworden, die man um jeden Preis vermeiden wollte. Der revolutionäre Anspruch, Vorbote einer neuen Zeit zu sein, hat die Bewegung allerdings dogmatisch erstarren und ein Beharrungsvermögen entwickeln lassen, das ohne Beispiel ist. Wenn die Freiräume, die überall erobert wurden, erst einmal besetzt waren, wurden sie nie mehr herausgegeben. Der Impetus verbrauchte sich in kurzer Zeit, und heute hängen die Achtundsechziger am Status quo wie wenige. Hans-Ulrich Klose, der so gern »erfolgreich altern« möchte, und Heidemarie Wieczorek-Zeul, die am liebsten ewig leben will, sind typische Vertreter dieser Generation. Für ihre Nachfolger haben sie im besten Falle Unverständnis, im schlimmsten Fall Verachtung übrig, und sie nehmen die abstoßenden Formen, in denen sich der jugendliche Protest neuerdings austobt, gern zum Vorwand, um eine ganze Generation abzuschreiben. Daß sich hinter dem rechtsradikalen Spuk ganz andere Probleme verbergen könnten, die Ausweglosigkeit einer Jugend nämlich, die sich seelisch und körperlich verwahrlost fühlt, scheinen die Älteren nicht zu bemerken. Eigene Kinder haben sie nicht, und Schulen, Kindergärten oder Krankenhäuser, in denen sie den alarmierend hohen Anteil von Verhaltensgestörten, Gewalttätigen und Allergikern in Augenschein nehmen könnten, scheinen sie nicht zu besuchen. Sie machen es wie Hanno Buddenbrook, der unter den eigenen Namen einen sauberen Doppelstrich zog und auf die Frage, was das denn solle, die Antwort gab: »Ich glaubte, es käme nichts mehr.«

Für solche Vermutungen gäbe es sogar Anlaß.

Der Generationenvertrag war eben nur zwischen zwei Generationen vereinbart worden, die Ausgeschlossenen müssen nun sehen, wo sie bleiben. Was Edmund Burke eine Nation genannt hat, die überzeitliche Gemeinschaft zwischen den Lebenden, den Toten und denen, die noch nicht geboren sind, gibt es eigentlich nicht mehr, sie wurde von den Sozialpolitikern gekündigt. Nation ist nur noch ein geographischer Begriff, ein Raum, in dessen Grenzen Einwohner und Arbeitskräfte, aber kaum noch Bürger leben. Ihre Liebhaber nennen diese Gesellschaft multikulturell. Aber Multikulturalismus bedeutet unter den deutschen Umständen etwas vollkommen anderes als in einem klassischen Einwanderungsland wie den Vereinigten Staaten, die ihre Verfassung von vornherein für alle diejenigen offen gehalten hatten, die sich später zugesellen wollten. In Deutschland wäre so eine Verfassungsbestimmung kaum denkbar, ihr stünde ein ganzes Kompendium von historischen Rücksichten, sozialen Verpflichtungen und juristischen Ansprüchen entgegen. Die nächste Generation dürfte auf diese Dinge zurückkommen. Sie wird sich nicht mehr mit dem Gefühl von Sicherheit zufrieden geben, sondern Sicherheit verlangen. Und man wird von Glück sagen können, wenn sie dabei mit mehr Vernunft ans Werk geht als ihre Eltern.

Europa der Notwendigkeiten

Die kurze Rede, mit der Winston Churchill im
Herbst 1946 vor den Studenten der Universität
Zürich für die Vereinigten Staaten von Europa
warb, war alles andere als ein politisches Pro-
gramm. Eineinhalb Jahre nach Kriegsende wollte
Churchill vor allem die Stimmung heben und
den Menschen das Gefühl vermitteln, daß dem
zerstörten Kontinent bessere Zeiten bevorstehen.
Der Weg dahin, so sagte er, sei einfach. »Es ist
dazu nichts weiter nötig, als daß Hunderte von
Millionen Männern und Frauen Recht statt Unrecht tun und Segen statt Fluch dafür ernten.«
Von Absprachen und Verträgen, Institutionen
und Kommissionen sagte Churchill nichts, selbst
die Hoffnung auf einen europäischen Patriotismus und ein gemeinsames Bürgerrecht äußerte er
nur in Frageform. Er sprach nicht als handelnder
Staatsmann, der er ja in der Tat zu diesem Zeitpunkt auch schon nicht mehr war, sondern als
Visionär. Europa war für ihn eine kulturelle
Größe, die Heimat aller großen Stammvölker der
westlichen Welt, das Ursprungsland fast jeglicher
Kultur und Wissenschaft. Würde es sich dazu

entschließen, sein gewaltiges Erbe gemeinsam zu verwalten, dann könnten seine Bewohner »ein Glück, einen Wohlstand und einen Ruhm ohne Grenzen genießen«.

Das Wort von den Vereinigten Staaten, das Churchill in diesem Zusammenhang gebrauchte, war sicher nicht viel mehr als eine Freundlichkeit gegen Amerika, ohne dessen entschlossene Hilfe England den Krieg wahrscheinlich verloren hätte. An so etwas wie eine politische Union, einen Staatenbund oder einen Bundesstaat dachte Churchill jedenfalls nicht. Er verließ sich auf das historische Bewußtsein der Europäer und ihr Zusammengehörigkeitsgefühl, und wenn ihm überhaupt ein bestimmter Zustand vor Augen gestanden hat, dann die Epoche des ausgehenden Mittelalters, als die europäischen Staaten durch zahllose Gemeinsamkeiten der Kultur und des Glaubens enger miteinander verbunden waren als zu jeder anderen Zeit. Das Bild, das er zur Illustration seiner Vorstellungen gebrauchte, war nicht die vertraglich geregelte Allianz, sondern die Familie. Man müsse der europäischen Familie eine Ordnung geben, unter der sie in Frieden, Sicherheit und Freiheit leben könnte, sagte er.

Inzwischen gibt es eine europäische Union, in Formen allerdings, die sich von Churchills Skizze gründlich unterscheiden. Dieses Europa ist nicht gewachsen, sondern konstruiert worden. Das europäische Bewußtsein war bei den Regierenden früher und stärker ausgeprägt als bei den Bürgern, deren Zustimmung immer erst nachträglich und in einer Weise eingeholt wurde, die wenig Respekt vor den Grundsätzen der Demokratie verriet. Bis heute fehlt das, was nach der Tradition den Kern des Bürgerstatus ausmacht: die Gleichheit von Rechten und Pflichten. Es geht dabei nicht nur um Verstöße gegen das Dogma »one man, one vote«, das in jedem föderalen Gebilde Abstriche hinnehmen muß, sondern um die willkürliche Art, in der das Recht auf Mitbestimmung von vornherein unterschiedlich verteilt wurde. Die Franzosen durften immerhin einmal entscheiden, die Dänen sogar zweimal, die Deutschen dagegen überhaupt nicht, und es ist unwahrscheinlich, daß sie es jemals dürfen. In einer Frage, die Grundrechte und Grundfreiheiten berührt wie sonst nichts, glaubt die Regierung, ohne den konstitutiven Akt eines Referendums auskommen zu können; das Bedürfnis nach Berechenbarkeit ist stärker und macht die Regierenden mißtrauisch gegen die Launen des Volkes. Europa soll den Bürgern Freiheit bringen, der Weg dahin ist aber festgeschrieben und ohne jede Alternative, wie die Politiker immer wieder versichern. Jacques Delors hat dies Gefühl des Zwangsläufigen und Schicksalhaften auf die kürzeste Formel gebracht, als er von einem Europa der Notwendigkeiten sprach.

Was diese Notwendigkeiten schafft, ist die

Wirtschaft. Ihre Anforderungen beherrschen die Politik und definieren die Ziele. Während bei der deutschen Reichsgründung die gemeinsame Währung noch eine Folge der politischen Tat gewesen war, hat sich die Rang- und Reihenfolge inzwischen umgekehrt. So wie die Wiedervereinigung mit dem Import der D-Mark vollzogen war, soll Europa über die Währung zusammenwachsen. Es ist kein Zufall, sondern Ausdruck der geltenden Prioritäten, daß in Maastricht Zeitpläne und Konvergenzkriterien für den Währungsverbund minutiös ausgehandelt wurden, die Außenpolitik dagegen mit Sätzen beschrieben worden ist, die sich an Inhaltslosigkeit kaum noch übertreffen lassen. »Die gemeinsame Außen- und Sicherheitspolitik«, heißt es da, »umfaßt sämtliche Fragen, welche die Sicherheit der Europäischen Union betreffen, wozu auf längere Sicht auch die Festlegung einer gemeinsamen Verteidigungspolitik gehört, die zu gegebener Zeit zu einer gemeinsamen Verteidigung führen könnte.« Die Politik baut offensichtlich auf die Wirtschaft. Sie verläßt sich darauf, daß der Erwerbssinn schon um des Verkehrs und um vieler Vereinfachungen willen, wie Jacob Burckhardt gesagt hat, den Universalstaat wollen muß. Die Wirtschaft soll wachsen, und sie wächst um so schneller, je weniger sie durch nationale oder kulturelle Besonderheiten behindert wird. Die Gleichheit der Bürger, die im 19. Jahrhundert so emphatisch gefeiert worden war, realisiert sich im 20. Jahrhundert als Gleichheit der Marktchancen.

Das alles trägt jedoch nicht weit genug. Der süße Handel, wie man ihn im 18. Jahrhundert nannte, bringt nicht von sich aus schon das Übrige hervor, eine Staatengemeinschaft gewiß nicht. Der Norddeutsche Bund hätte sich kaum zum Deutschen Reich erweitern lassen, wenn er ein bloßer Zollverein gewesen wäre, in dem die Menschen mit nichts anderem beschäftigt waren als mit Gewinn- und Verlustrechnungen. Er hat von Anfang an aus der Erinnerung gelebt, die alte Bilder vor Augen stellte und neue Ideen aufkommen ließ, die Phantasie beschäftigte und die Dinge unaufhaltsam vorwärtstrieb. Auf derartige Kräfte kann sich Europa nicht verlassen. Die Gemeinschaft setzt auf wirtschaftliche Interessen, und die entwickeln sich nach ihren eigenen Regeln. England und Frankreich sind es gewohnt, immer dann patriotisch aufzutrumpfen, wenn sie fürchten, ökonomisch ins Hintertreffen zu geraten. Der französische Reflex richtet sich dann gegen Amerika und stößt damit die Deutschen vor den Kopf, die empfindlich reagieren, wenn ihr Verhältnis zu den Vereinigten Staaten belastet wird. Der Versuch, die Politik in Wirtschaft aufzulösen, kann immer nur ein Stück weit gelingen, denn der Handel kennt bloß Interessen. Er bringt die Menschen miteinander in Verbindung, aber nicht unbedingt einander näher. Was Carlo

Schmid über die Nation bemerkt hat, gilt auch für jede überstaatliche Gemeinschaft: Sie ist kein Wachstumsprodukt, sondern das Ergebnis des Willens, zusammenzuleben.

Jetzt rächt sich, daß das Vereinigte Europa als ein Bau errichtet wurde, der seine Legitimation von oben empfing. Nach diesem Anfang ist es schwer, die Konstruktion nachträglich auf eine feste Grundlage zu stellen. Das »demokratische Defizit«, das so oft beklagt wird, erscheint als ein Planungsfehler, der sich so bald nicht beheben lassen wird. Das Europäische Parlament mag sich noch so volksverbunden geben, seine Abgeordneten repräsentieren kein europäisches Volk, das es als eine politisch handlungsfähige Einheit gar nicht gibt, sondern die Länder, denen das Gremium seine Existenz verdankt. Sie sind, um es im Wortlaut des Vertrags zu sagen, »Vertreter der Völker der in der Gemeinschaft zusammengeschlossenen Staaten«. Solange das so bleibt, ist ihre demokratische Legitimation anfechtbar, und es verrät einen Mangel an Realismus, wenn sich ein Labour-Abgeordneter über die undemokratische Prozedur beklagt, in der die europäische Verwaltungsspitze besetzt wird; seine eigene Legitimation ist ja auch nicht viel besser. Artikel 38 des Grundgesetzes, nach dem die Abgeordneten des Bundestages in gleicher Wahl bestimmt werden und Vertreter des ganzen Volkes sind, wäre auf das Europäische Parlament kaum anwendbar. Es gibt keinen europäischen Demos, und weil das so ist, gibt es bis auf weiteres auch keine europäische Demokratie.

Ohne den Souverän, der es zu einem Abbild der Gemeinschaft macht, kann das Europäische Parlament das Forum nicht sein, auf dem die gemeinsame Politik öffentlich erörtert und entschieden wird. Das allgemeine Wohl der Gemeinschaft, von dem die römischen Verträge reden, ist dann nur eine pathetische Floskel, hinter der sich die Abgeordneten verschanzen, um über Ruhezeit-Regelungen für Fernfahrer und Vorschriften über die Zusätze zur Tiernahrung zu debattieren. Ihre Vorliebe für Quisquilien bestätigt das, was Ralf Dahrendorf schon vor längerer Zeit über die Krise des Parlamentarischen bemerkt hatte. Die eigentlich zeitgemäßen Fragen kämen im parlamentarischen Betrieb von heute gar nicht mehr vor, meinte er; Wiederbelebungsversuche seien zwar rührend, führten aber nicht weit. Die Institutionen, die den modernen Herausforderungen an die Politik gewachsen wären, müßten wohl erst noch entwickelt werden.

Maastricht bringt diese Lösung sicher nicht. Wenn die dort abgesprochenen Regeln befolgt werden, dann dürften machtbewußte Beamte im Bündnis mit machtbewußten Unternehmern die künftigen Herren Europas sein. Gemeinsame Erfahrungen und gemeinsame Ziele machen sie zu natürlichen Partnern, die sich gegenseitig Schutz

und Hilfe gewähren. Die »Totalharmonisierung«
aller einschlägigen Vorschriften, Richtlinien und
Grenzwerte, in der sich die Kommission mit den
führenden Wirtschaftsverbänden einig ist, begünstigt schon aus technischen Gründen diejenigen, die ohnehin schon stark sind. Nur sie verfügen über das Produktionsvermögen, die neuen
Märkte zu beliefern, und nur sie besitzen den Ver-
waltungsapparat, der die Unmengen an Vorschriften, mit denen der Markt reguliert wird,
überblicken und anwenden kann. Um in Brüssel
um Aufträge und Subventionen einzukommen,
sei ein Aufwand erforderlich, den sich eigentlich
nur Großunternehmen leisten könnten, meinte
der Bundesforschungsminister neulich. Wirtschaft und Verwaltung sind aufeinander einge-
spielt und lassen einen Machtblock entstehen, an
dem die Ansprüche auf demokratische Mitregierung ziemlich erfolglos abprallen werden.

In Deutschland war das Einfallstor, durch das
der Bund sich immer weiter vorgedrängt hat, der
Verfassungsauftrag, im gesamten Staatsgebiet
gleichwertige Lebensverhältnisse herzustellen.
Weil die Gemeinschaftsorgane eine ganz ähnlich
lautende Verpflichtung übernommen haben – sie
sollen dafür sorgen, daß sich »die Unterschiede
im Entwicklungsstand der verschiedenen Regio-
nen verringern« -, spricht einiges dafür, daß die
Entwicklung in Europa ähnlich läuft. Die Kommission besitzt beträchtliche Möglichkeiten, und

sie hat bewiesen, daß sie ihre Instrumente anzuwenden weiß. Wo ihre Macht am weitesten reicht – in der Landwirtschaft –, ist die Freiheit der Bürger am fühlbarsten beschnitten worden. Der gemeinsame Agrarmarkt, der immer noch die meisten Haushaltsmittel bindet, ist zu einem planwirtschaftlichen System von imponierendem Ausmaß und staunenswerter Geschlossenheit geworden. Alle Anbauflächen werden nach Größe und Ertragskraft in den Rechnern der Zentralbehörde gespeichert, und Satelliten wachen darüber, ob sie bestellt werden, wann und wie. Manchmal sieht es so aus, als sollte die Bauernbefreiung, die große Tat der europäischen Staaten am Ende der Aufklärungszeit, zweihundert Jahre später von der europäischen Agrarverwaltung auf ihre Weise wieder zurückgenommen werden.

In einer Bilanz der deutschen Nachkriegsgeschichte erwähnt Carlo Schmid mit leisem Unbehagen die Neigung der Bonner Zentralregierung, »mehr oder weniger alles an sich zu ziehen, was für Soll und Haben des Gesamtstaates von Bedeutung ist«. Diese Tendenz ist auch auf der nächsten, der europäischen Ebene wirksam. Sie sorgt dafür, daß sich immer weitere Kompetenzen nach Brüssel verlagern. Das wird die Machtfrage auch auf dieser Ebene entscheiden, ohne daß die Gelöbnisse von Subsidiarität und Bürgernähe, die es ja auch in der Geschichte des deutschen Föderalismus im Übermaß gegeben hat, dagegen viel ausrichten können. Das Grundgesetz spricht alle entscheidenden Rechte den Ländern zu, »soweit dieses Grundgesetz nicht dem Bunde Gesetzgebungsbefugnis verleiht«. Das hat die Bundesregierung freilich nie daran gehindert, ihre Netze immer weiter auszuwerfen und immer mehr Zuständigkeiten an sich zu ziehen. Soweit das nicht schleichend geschah, dienten die Gemeinschaftsaufgaben als der Zügel, an dem die Länder geführt wurden, so daß gerade diese Aufgaben, mit denen der föderale Gedanke ursprünglich gestärkt werden sollte, ihn am Ende recht erfolgreich ausgehöhlt haben.

Gemessen an den Grundsätzen der Wachstumspolitik, hat sich die gemeinsame Agrarordnung bewährt. Die hohen Ernteüberschüsse beweisen das ebenso wie der insgesamt solide Wohlstand der Bauern. Aber der materielle Triumph muß von irgendeiner frohen Botschaft begleitet sein, sonst bringt er, wie Ernest Renan einmal gesagt hat, keinen Segen. In seiner Zürcher Rede hatte Churchill eine solche Botschaft zu verkünden, die großen Figuren der europäischen Gründergeneration, die nach ihm kamen, verstanden das ebenfalls. Später jedoch sind die Stimmen, die Europa anders als rein pragmatisch, mit Hinweisen auf Zollpräferenzen, Exportbilanzen und konvertible Währungen, begründen wollten, selten geworden. Was in der europäischen Politik zählt, scheinen Fangrechte zu sein und Importlizenzen für Bananen. Nach außen präsentiert sich die Gemeinschaft als ein großer Markt; aber einen Markt, das weiß auch Jacques Delors, kann man nicht lieben.

Wie meist, läßt sich das, was fehlt, leichter definieren als ersetzen. Vielleicht traf eine große englische Zeitung das Richtige, als sie nach einer europäischen Verfassung verlangte, »die jeder versteht und anrufen kann«. Das weitverbreitete Gefühl, Mitläufer in einem Spiel zu sein, dessen Regeln man nicht kennt, läßt die europäische Begeisterung, an der den Staatsmännern soviel liegt, nicht aufkommen. Maastricht hat jedenfalls das falsche Zeichen gesetzt, denn der Vertrag erscheint wie eine Fortsetzung der Kabinettspolitik mit anderen Mitteln. Alle Versuche, das verschachtelte und umständliche Vertragswerk den Bürgern zu »erklären«, wird daran nichts ändern. Denn wie soll man eine Abmachung verständlich machen, die aus weit mehr als fünfhundert verschiedenen Artikeln, Protokoll-Notizen und Erklärungen besteht und von den Konvergenzkriterien bis zum Tierschutz buchstäblich alles enthält? Die Dänen haben den Versuch gemacht und allen Wählern den Vertragstext ins Haus geschickt. Daß sie damit der Aufklärung und der politischen Willensbildung einen großen Dienst erwiesen haben, glauben sie aber wohl selbst nicht.

Jenseits einer gewissen Größe hat es der Staat schwer, seine demokratische Substanz zu bewahren. Übersichtlichkeit war nicht zufällig das Stichwort, das die demokratische Theorie von ihren Anfängen an beschäftigt hat. Als die Staaten größer wurden, behalf man sich mit dem Repräsentationsgedanken, aber auch der scheint in Europa an seine Grenzen zu stoßen. Bisher ist jedenfalls nicht zu erkennen, wie das Prinzip der föderalen Repräsentation, das im Straßburger Parlament vorherrscht, mit dem Grundsatz der personalen Repräsentation zum Ausgleich gebracht werden könnte, wie sich also, um es kurz und schief auszudrücken, der Bundesrat mit dem Bundestag verschmelzen ließe. Von dieser institutionellen Schwäche des Parlamentarischen profitiert die milde Despotie der Fachleute und Bürokraten. Sie garantieren Sachgerechtigkeit, lösen aber auch, wie es im Maastricht-Urteil des Bundesverfassungsgerichts heißt, eine eminent politische Aufgabe »aus der unmittelbaren staatlichen und der supranationalen parlamentarischen Verantwortlichkeit«. Wie das zu bewerten ist und was daraus entstehen könnte, ließ das Gericht offen.

Seit Maastricht stockt der Einigungsprozeß. Der Vertrag, der ihn voranbringen sollte, scheint ihn viel eher unterbrochen zu haben. Zu den bekannten englischen Vorbehalten kommen neuerdings betont kritische Stimmen aus Italien und Frankreich. Was die Osterweiterung bringen wird, weiß niemand, und die Rolle, die sich aus alledem für Deutschland ergeben könnte, das sich nun plötzlich wieder in der Mitte findet, ist Gegenstand von allerlei Spekulationen. Sicher ist nur, daß die nationalen Parlamente ein Gutteil der Mitbestimmungsrechte, die sie schon halben Herzens aufgegeben hatten, wieder zurückerhalten haben, fast gegen ihren Willen. Solange nicht klar ist, was die Union für den einzelnen Bürger bedeutet, muß es bei diesen Rechten bleiben. Die Entscheidung zwischen Einheit und Freiheit hat sich in der deutschen Geschichte schon öfter gestellt. Vielleicht kommt sie noch einmal auf die Deutschen zu, und dann nicht nur auf sie.

Keiner für alle

Zu den Überraschungen, die der Zusammenbruch des sozialistischen Ostens mit sich gebracht hat, gehört die Erfahrung, daß der vertraute Gegensatz von rechts und links nicht mehr
gilt. Ein Schema, nach dem zwei Jahrhunderte
lang die Parlamente in aller Welt ihre Sitzord-
nung bestimmt haben, ist sichtbar außer Kurs geraten. Wer heute rechts sitzt, muß nicht in jedem
Fall ein Kleinbürger sein, der sich von den Vorzü-
gen der eigenen Nation blenden läßt und in jedem Fremden einen Feind sieht. Umgekehrt
müssen sich die Linken nicht mehr um jeden
Preis zu den egalitären und universalistischen
Idealen bekennen, die den Progressiven früher so
viel bedeutet haben. Die Extreme berühren sich
nicht nur, sie werden undeutlich und verschwimmen.

Das Ausmaß, in dem sich der Antagonismus
abgeschliffen hat, geht über die historisch bezeug-
ten Gemeinsamkeiten, die im Begriff des Totalita-
rismus zum Ausdruck kamen, weit hinaus.
Grenzgänger und Überläufer, Zweckbündnisse
und strategische Verabredungen zwischen rechts

und links zum gemeinsamen Kampf gegen die bürgerliche Mitte gab es schon immer; niemals jedoch sind sie so weit gegangen, das Schema selbst in Frage zu stellen oder zu kippen. Es bot jenes Minimum an politischer Orientierung, auf das es im Alltag ankam. Und das hat ihnen, bis in die allerjüngste Zeit, das Leben gerettet.

Erst das Debakel im Osten hat dieses überkommene Ordnungsprinzip vor aller Augen unbrauchbar gemacht. Die nationale Frage, die mit der Wiedervereinigung in den Mittelpunkt der deutschen Politik zurückkehrte, hat nicht nur die Linken gespalten, sondern auch die Rechten. Befürworter und Gegner, Freudengesänge und haßerfüllte Kommentare gab es auf beiden Seiten, bei den Republikanern ebenso wie bei den Grünen und der SPD. Der Riß ging quer durch die Lager, er trennte die Anhänger des alten Schemas von denen, die sich neu orientieren wollen, bislang aber noch nicht wissen wie. Es kam die Zeit der Abweichler, der Überläufer oder der Verräter. Die alten Begriffe hatten sich behauptet, auch wenn sie ihren Sinn weitgehend verloren hatten und niemand wußte, wer denn nun eigentlich von welchen Fahnen gewichen war.

Es ist das Gewicht der Dinge selbst, durch das die gewohnte Einteilung außer Kraft gesetzt wurde. Kein einziges der kontroversen Themen, die in der Politik zur Zeit verhandelt werden, läßt sich auf dem Rechts-Links-Spektrum halbwegs angemessen abbilden. Das gilt für die Arbeitslosigkeit, das Leitmotiv der deutschen Innenpolitik, genauso wie für die Fragen nach der Rolle der Bundeswehr, dem Anteil der Frauen, der Pflege der Alten, dem Schutz der Umwelt und so fort. Alle diese Gegenstände betreffen die meisten Bürger zum Teil, aber keinen ganz und gar. Deswegen eignen sie sich auch nicht mehr als Parolen für jene ideologischen Kreuzzüge, mit denen die Herzen der Menschen gewonnen werden sollten. Ihr totaler Machtanspruch gründete sich auf die Behauptung, den Punkt zu kennen, von dem aus die Welt zusammenzuhalten oder aus den Angeln zu heben war. Nur deshalb konnten die Ideologien sich die Massen hörig machen und zu der unbedingten Hingabe verpflichten, die für alle radikalen Bewegungen typisch ist.

Schwerpunkte des Lebensgefühls, um die sich das Schicksal ganzer Völker oder doch ganzer Schichten gruppieren ließ, sind kaum noch auszumachen. Der einzelne lebt auf vielen Ebenen, verkehrt in allen möglichen Kreisen und spielt tausend verschiedene Rollen. Indem sich die politisch bestimmenden Kräfte zu Volksparteien herrichteten, die jedem etwas boten, haben sie sich dieser Lage angepaßt. Ihr ideologischer Kern hat sich so weit verflüchtigt, daß sich die SPD mit den Gewerkschaften und ein christlich-demokratischer Bundesminister mit den Kirchen öffentlich anlegen durfte. Sie wissen längst, daß eine konsistente Haltung von ihnen gar nicht mehr erwartet wird, und geben sich deshalb auch keine Mühe, so etwas vorzuschützen. Der Streit um die Frage, ob die nächsten Wahlen rechts oder links von der Mitte entschieden werden, ist denn auch nicht viel mehr als ein Nachhutgefecht. Man hält sich an die hergebrachten Markierungspunkte, obwohl sie nichts mehr bedeuten. Gerade die neuen politischen Gruppen, die Grünen etwa, die Bürgervereinigungen oder ein Umbruchphänomen wie die StattPartei, lassen sich in das vertraute Schema nicht mehr einfügen.

Es scheint jedoch einfacher zu sein, eine Theorie neu zu interpretieren, als sie umstandslos aufzugeben. Die Menschen hängen an dem, was sie ihr Leben lang glaubten und verfochten haben, und ziehen auch eine gewaltsame Umdeutung dem Eingeständnis vor, sich ganz und gar geirrt zu haben. Alain Touraine, ein intellektueller Wortführer der französischen Linken, hat seine alten Verbündeten vor kurzem dazu aufgerufen, die Ziele, denen sie über hundert Jahre lang nachgelaufen sind, neu und zeitgemäß zu definieren. Für ihn bedeutet das im wesentlichen dreierlei: Zunächst sei der Gedanke der Partizipation durch den der Autonomie zu ersetzen. Statt der Ausgriffe und Angriffe im Namen einer universellen Vernunft plädiert er jetzt für Abwehr und den Rückzug ins Private. Die Verteidigung persönlicher Rechte und der Respekt vor den Vorlieben der einzelnen sei in Zukunft höher zu bewerten als das, was die Linke bisher ausnahmslos und immerzu für alle gefordert hatte.

Offensichtlich richten sich solche Vorstellungen gegen den Staat als die Verkörperung des Allgemeinen, und Touraine zögert auch nicht, diesen Schluß ausdrücklich zu ziehen. »Links ist es heute«, schreibt er in einem Zeitungskommentar, »die Individuen und die Minderheiten gegen jenen Staat zu verteidigen, der dazu da ist, die Forderungen der Konsumenten-Mehrheit zu befriedigen.« Nicht mehr im Kampf für das Wohl der unterdrückten Massen soll sich die Linke aufreiben, sondern als Anwalt einer selbstbewußten Minderheit. Als Konsequenz aus alledem ergibt sich für Touraine eine kaum noch versteckte Aversion gegen die älteste und vornehmste Losung der Linken, das unbedingte Gleichheitspostulat. »Die Idee der Globalisierung gehört heute zum Kernbestand rechten Denkens. Die Linke muß demgegenüber individuelle Freiheit und kulturelle Diversität auf ihre Fahnen schreiben«, verlangt Touraine. Daß das Ausleben der persönlichen Freiheit und das Insistieren auf kultureller Differenz die ohnehin schon bestehenden Unterschiede vergrößern muß, wird zwar nicht ausdrücklich gesagt, die Folgerung ergibt sich allerdings von selbst.

Touraines Ansichten lesen sich, sicher nicht zufällig, wie eine Antwort auf die Vorstellungen der amerikanischen Kommunitaristen. Vielfalt statt Einheit, Minorität statt Mehrheit, Autonomie statt Partizipation: das kennzeichnet die Gegensätze Punkt für Punkt. Hält man sich an Charles Taylor, einen Exponenten der kommunitaristischen Schule, kann man den Unterschied mit Händen greifen. Taylor verlangt Partizipation, Teilhabe der Bürger an allen öffentlichen Geschäften. Das geht über das Gesellschaftsspiel gewerkschaftlicher Mitbestimmung, das letztlich nur den Funktionären nutzt, weit hinaus. Mit ihrem engagierten Plädoyer für Teilhabe wollen die Kommunitaristen viel eher den alten Rechtssatz neu beleben, nach dem, was alle angeht, auch von allen gebilligt werden muß. Aus einer Minderheiten-Position, wie sie Touraine favorisiert, ist das nicht möglich. Wenn alle Mitglieder der Gemeinschaft jeden anderen genauso ernst nehmen sollen wie sich selbst, ist mehr verlangt als bloße Toleranz. In dem Gefühl der gegenseitigen Anerkennung, das sich mit bloßem Minderheitenschutz nicht mehr zufrieden gibt, erblicken die Kommunitaristen denn auch die entscheidende Voraussetzung für das Gelingen der Demokratie. Wenn auch nur eine einzige Gruppe von Bürgern Anlaß zu der Vermutung hätte, in ihren Vorlieben mißachtet und in ihren Wünschen übergangen zu werden, dann sei das ganze Land in Gefahr, sagt Taylor.

Dahinter steht die Einsicht, daß eine Republik

auf starke, hochgespannte Leidenschaften nicht verzichten kann. Verfassungspatriotismus, über den die meisten westdeutschen Intellektuellen nicht hinaus wollen, ist den Kommunitaristen nicht genug. Sie greifen weiter zurück, reden von Patriotismus und meinen damit eine unbedingte, den ganzen Menschen bestimmende Empfindung, wie sie zur Zeit der Französischen Revolution zum ersten Mal als Massenphänomen wirksam wurde. Das Bekenntnis zu Prinzipien und Parolen zählt nur soweit, als sich daraus konkrete Pflichten ergeben, die jeder einzelne auch unter Opfern zu erfüllen bereit ist. »Wenn ein Bürger«, schreibt Taylor, »seine Verfassung wirklich verteidigen, wenn er sich wirklich für die Mitbürger einsetzen soll, deren Rechte verletzt werden, muß der Antrieb stark sein. Er kann nur aus dem Gefühl für Solidarität kommen, das die allgemeine Verpflichtung zur Demokratie übersteigt und mich mit jedem meiner Mitbürger verbindet.«

Daß so etwas mit rechts und links nichts mehr zu tun hat, leuchtet ein. Touraine und Taylor streiten letztlich nicht über politische Richtungsfragen, sondern über den relativen Vorrang von individuellen oder kollektiven Lebensstilen. Die Linien, denen sie folgen, laufen quer zu den tradierten Lagergrenzen. Zur Verteidigung seiner linken Position beruft sich Touraine denn auch ganz unbefangen auf Edmund Burke, den Ahnherrn des britischen Konservativismus, während

Taylor den Gleichheitssatz mit einem Nachdruck vertritt, der auch von radikalen Egalitaristen kaum zu überbieten wäre.

Es ist üblich geworden, die Glorifizierung des einzelnen und die Abwertung all dessen, was die Gemeinschaft vom Bürger fordern darf, als rechts zu betrachten. Politiker wie Ronald Reagan oder Margaret Thatcher scheinen eine solche Zuordnung zu bestätigen, wenn sie die Gesellschaft als eine überflüssige Fiktion abtun oder sich so äußern, als sähen sie im Staat die Wurzel aller Übel. Doch geht diese Gleichung offenbar nicht auf, denn weder ihr ausgeprägter Individualismus noch ihr demonstratives Mißtrauen gegen die Allzuständigkeit des Staates haben die Premierministerin oder den Präsidenten daran gehindert, die nationalen Interessen ihrer Länder mit aller Energie zu verteidigen. Vor allem nach außen hin, bei den militärischen Einsätzen in Grenada oder auf den Falkland-Inseln, sowie im Streit mit der machthungrigen europäischen Demokratie haben die beiden vor aller Welt ihren wachen Sinn für das bewiesen, was die Gemeinschaft fordern darf und muß.

Sinngemäß gilt für die Linke das gleiche. Ihre ostentative Begeisterung für das Kollektiv, für Produktionsgenossenschaften und Arbeitsbrigaden hatte immer etwas Vorläufiges an sich, denn mit der straff organisierten Arbeit bereitete sich der real existierende Sozialismus ja nur auf seine

Endform vor, das kommunistische Paradies, und dieser Zustand war definitionsgemäß durch das Absterben des Staates und das Zerbrechen seiner Formen gekennzeichnet. Der neue Mensch, von dem die Linke träumte, wäre der Bindung an das Kollektiv nicht mehr bedürftig, denn er würde von sich aus tun, wozu er unter den Bedingungen der auslaufenden bürgerlichen Epoche gezwungen werden mußte. Wenn die Vorgeschichte der Menschheit »mit all ihren unübersehbaren Greueln, Schrecknissen, mit all ihrem Aberglauben und ihrer Unwissenheit, mit ihren falschen, verbogenen Bewußtseinsbildungen und Vorurteilen samt Ausbeutung und Unterdrückung, samt Kriegen und Krisen« – wenn diese Vorgeschichte abgeschlossen ist, dann muß, wie Johannes R. Becher nach seinem Besuch der Sowjetunion erklärte, tatsächlich alles, alles anders werden.

Diese Voraussage war kein zufälliger Bestandteil des marxistischen Credos, sondern brachte nur die durchaus individualistische Grundstimmung zum Ausdruck, von der Marx ebenso wenig frei war wie die meisten anderen Linken. Von den erklärten Anarchisten unterschied sich Marx vor allem dadurch, daß er den Zustand, in dem man auf alle Formen der Gemeinschaft verzichten konnte, weit in die Zukunft hinausschob und als ein Merkmal der erfüllten Zeit verstand. Seine Beschreibung der zukünftigen, nicht mehr entfremdeten Gesellschaft als einer Assoziation, in der die freie Entfaltung eines jeden Bedingung sein werde für die freie Entfaltung aller, enthielt im Kern jedoch schon alles weitere. Wenn erst der einzelne vom Druck der Verhältnisse frei war, wenn er die Ketten, die ihn gefangenhielten, endgültig zerbrochen hatte, würde er sich keine neuen Fesseln mehr anlegen lassen. Die Freiheit zu vollenden hieß, auf die tradierten Formen der Gemeinschaft, auf Staat und Kirche, Verbände und Gewerkschaften, Kommunen und Familien zu verzichten.

In dieser endzeitlichen, auf Emanzipation und Herrschaftsfreiheit zugespitzten Form sind die Lehren der Linken in den sechziger Jahren in Westdeutschland heimisch geworden. Gesellschaft erschien als ein Mosaik aus lauter Einzelwesen, die zwar nicht unabhängig, aber doch innerlich unverbunden nebeneinanderher lebten und eher gegeneinander als miteinander agierten. Das verband und verbindet die Linke mit allerlei Unterströmungen, die aus ganz anderen Quellen stammen. Der Autonome von links erweist sich dann als Zwillingsbruder des souveränen Verbrauchers, den manche Konservativen als ihr Ideal verehren. Beide kennen nur sich, ihre höchstpersönlichen Wünsche, Launen oder Idiosynkrasien. Der radikale Subjektivismus, der die Menschen dazu einlädt, sich auszuleben und ihre Freiheit bis zum äußersten zu genießen, ist eine lagerübergreifende Mentalität, die sich an keine Grenzen oder Richtungsschilder hält.

185

Aus dieser Verwandtschaft erklärt sich der Beifall, auf den die gealterten Rebellen bei den eher konservativen Parteigängern von CDU und FDP rechnen dürfen. Beide vereint ein Menschenbild, das im einzelnen zunächst einmal den Widerpart der Gesellschaft sieht, für seine elementare Verwurzelung im sozialen Gefüge wenig Sinn hat und in Hinweisen auf derartige Zusammenhänge immer nur den Versuch erkennen kann, von persönlicher Schuld und individuellem Versagen abzulenken. Das Einseitige, ja Irreale einer solchen Erklärung ist allerdings kaum zu übersehen. Wenn die rechtsradikalen Gewalttäter, die Häuser angezündet und Menschen verbrannt haben, die elementaren Regeln der Fairneß nicht bloß verachten, sondern gar nicht kennen und sie nach dem Gesetz von Lohn und Strafe niemals erlernt haben, dann kommt man um einen weit ausholenden Erklärungsversuch, der Herkunft und Hintergründe einbezieht, gar nicht herum. Für ihre moralische Ignoranz tragen halbe Kinder nur den bescheidenen Teil der Verantwortung, den größeren die Eltern, die Lehrer und die geheimen Miterzieher, die immer mitschuldig sind. Wie man miteinander umgeht, was man zu tun und was zu unterlassen hat, die Kenntnis davon ist nicht angeboren. Die Konventionen, Verbote und Verbindlichkeiten der zivilen Gesellschaft müssen tatsächlich erst erlernt werden, und wo das mißlingt, da gibt es nicht nur Einzelschuld, sondern immer auch ein Versagen der Gesellschaft.

So etwas belastet, und diese Belastung ist vielen unangenehm. Deswegen suchen sie ihre Zuflucht beim Solipsismus und denken sich ein Weltbild aus, das vom sozialen Wesen des Menschen nicht viel übrig läßt. Der Eifer, mit dem der britische Premierminister John Major für die beiden kindlichen Kindsmörder aus Liverpool eine exemplarische Strafe verlangte, und die Genugtuung, mit der das Publikum die beiden im Gefängnis verschwinden sah, haben etwas vom öffentlichen Sühneritual an sich: Das Opfer reinigt denjenigen, der es darbringt, zumindest vor sich selbst. Wenn jeder für sich steht und es so etwas wie Gesellschaft gar nicht gibt, hat man es leicht, den einzelnen zu ermächtigen oder zu verurteilen, ihn anzuklagen oder zu glorifizieren, ihn loszusprechen oder zu bestrafen – ganz nach Zweck und Laune. Mitschuldige, Anstifter und Hintermänner tauchen dann nicht mehr auf, und man kann so tun, als ob die Scheußlichkeiten, die vor aller Augen aus der Mitte der Gesellschaft emporwachsen, ganz ohne ihr Zutun zustandegekommen wären.

Seit einigen Jahren wird das Ende des ideologischen Zeitalters ausgerufen. Was immer damit im einzelnen gemeint sein mag, die Nachricht erwies sich bisher regelmäßig als falsch. Diejenigen, die sie in die Welt setzten oder in Umlauf hielten, dachten dabei an so etwas wie das langsame Abschleifen von Gegensätzen und, dadurch herbeigeführt, das Zusammenrücken, die Konvergenz der feindlichen Lager. Aber diese Theorie, die in Egon Bahrs Formel vom Wandel durch Annäherung ihren bündigsten Ausdruck gefunden hat, entpuppte sich ein übers andere Mal als Wunschdenken. Tatsächlich mußte erst die eine der beiden Vormächte am Boden liegen, ehe sich die ideologisch fixierten Gegensätze auflösten und verschwanden. Dahinter kam dann eine viel ältere Polarität zum Vorschein, die sich auf den Sozialcharakter des Menschen bezog, auf seine Doppelnatur als Einzel- und Gemeinschaftswesen. Hier stehen, im Grunde wie eh und je, die dogmatischen Individualisten gegen diejenigen, die wissen, daß man in so etwas wie Urteilsvermögen und persönliche Verantwortung erst hineinwächst, und auch das nur dann, wenn man Glück hat und an die richtigen Leute gerät.

Die Exzesse, die im Namen der deutschen Volksgemeinschaft begangen worden sind, haben der Bereitschaft, auch die soziale Seite des Menschen zu erkennen, hart zugesetzt, zumindest in Deutschland. Daß, wer vom Gemeinwohl rede, nur betrügen wolle, hat zwar der verfemte Carl Schmitt gesagt, Beifall findet seine Bemerkung aber überall. Was die politischen Parteien ihrer Klientel über die Besitzstandswahrung, den vollen Lohnausgleich und die Leistung erzählen, die sich nun endlich wieder lohnen muß, klingt gelegentlich wie Variationen des Aufrufs, mit dem Guizot das Zeitalter der bürgerlichen Politik eröffnet hatte: »Bereichert Euch!« Das Sozialwesen schrumpft auf die materiellen Aspekte, die sich mit Begriffen wie Arbeitsgesellschaft oder Versichertengemeinschaft verbinden. Für alles, was darüber hinausliegt, für Glaube, Erinnerung oder Sinnerwartung, ist dann kein Platz mehr.

Die Politik beschränkt sich darauf, alle möglichen Gruppen zu hofieren und zu bedienen. Danach zu fragen, ob und wie sich aus der Vielfalt der Interessen irgendeine Harmonie ergibt, betrachtet sie nicht mehr als ihre Aufgabe. Die Besserverdienenden und die Schlechterverdienenden, die Selbständigen und die Abhängigen, die Männer und die Frauen, die Alten und die Jungen, die öffentlich Bediensteten und die privat Beschäftigten, die Mehrheiten und die Minderheiten – sie alle und viele mehr stehen als ewige Konkurrenten gegeneinander, die schließlich selbst nicht mehr sagen können, was sie bei allen Unterschieden denn eigentlich noch zusammenhält. Es dem amerikanischen Kommunitaristen Michael Walzer nachzutun und die gewerkschaftlich organisierten Arbeitnehmer davon zu überzeugen, daß die überkommenen Formen der betrieblichen Interessenvertretungen überholt sind; die Sozialhilfeempfänger dazu aufzufordern, die Verantwortung für ihr Wohlergehen selbst in die

Hand zu nehmen; die Umweltaktivisten dazu zu bewegen, von ihrem ethischen Rigorismus abzugehen; den Feministinnen den Wert der Familie als einer gesellschaftlich unentbehrlichen Institution nahezubringen: so etwas käme in Deutschland wohl kaum einem in den Sinn. Es hätte wahrscheinlich auch nicht viele Chancen.

In den Aufbaujahren ist der methodische Individualismus zur Volksreligion der Deutschen geworden. Er redet Menschen ein, mit gutem Gewissen das zu tun, was sie sonst mit schlechtem getan hätten. Gemeinwohl ist nach dieser Lehre ein Phantom, ein ideologischer Trick, der die Leute dazu bewegen soll, gegen ihre Interessen zu handeln. Rousseau wird damit auf den Kopf gestellt. Zwar hatte auch er die *volonté générale* durch ihren Gegensatz zum Individualinteresse bestimmt, daraus dann aber umgekehrt auf ihre Existenz geschlossen. »Gäbe es keine verschiedenen Interessen«, schrieb er, »so würde man den gemeinschaftlichen Willen, da er nie Hindernisse fände, gar nicht wahrnehmen.« Das ist psychologisch einleuchtend: Erst in der Spannung entdeckt man, daß es nicht nur den einen Willen gibt, sondern auch noch einen anderen.

In der Verfassungsdebatte ist angeregt worden, dies andere ins Grundgesetz aufzunehmen und alle Bürger zu Gemeinsinn und Mitmenschlichkeit zu verpflichten. Die Vorschlagsgegner haben allerdings darauf hingewiesen, daß dies eine Verpflichtung wäre, die zu nichts verpflichtet, zumindest nicht zu irgend etwas bestimmtem. Gemeinwohl ist kein einklagbares Ziel, sondern eine Haltung, ein anderes Wort für die Bereitschaft, den Standpunkt zu wechseln und sich nicht allzu fest darauf zu verlassen, daß sich die anderen schon selbst zu helfen wissen. Viele sind dazu nämlich gar nicht in der Lage. Wer keine Stimme hat, die Kinder also, die Behinderten und die umgebende Natur, braucht einen Anwalt. Nichts hat die Unentbehrlichkeit einer Gemeinwohlidee, die alles Persönliche hinter sich läßt, deutlicher werden lassen als die Rücksichtslosigkeit, mit der diejenigen übergangen werden, die nicht mitreden können. Die amerikanischen Verfassungsgeber nannten das die Tyrannei der Mehrheit, und sie haben sich einige Mühe gegeben, ihr Hindernisse in den Weg zu legen.

Der übersteigerte Individualismus ist zwar nicht der einzige, aber der entscheidende Grund für den Überdruß, den die Deutschen an der Politik empfinden. Im Kern richtet er sich gegen den Verlust einer Amtsauffassung, die das Gemeinwohl als einen für alle verpflichtenden Gedanken begriff und hochhielt. Als die Entrüstung über die endlosen Folgen von kleineren und größeren Durchstechereien, mit denen einige Politiker ihren höchstpersönlichen Vorteil gewahrt hatten, auf dem Höhepunkt war, haben die Angegriffenen die gegen sie erhobenen Vorwürfe an das Publikum zurückgegeben. Es sei pharisäerhaft, ihnen Verhaltensformen anzukreiden, die im unpolitischen Alltag als gebräuchlich, sogar als vorbildlich betrachtet würden. Bürger, die selbst nicht zimperlich seien, wenn es um den Gewinn gehe, hätten kein Recht, andere dafür zu tadeln, daß sie genauso handelten wie sie.

Daß hier mit zwei verschiedenen Maßstäben gemessen wird, ist völlig richtig. Ein Einwand ist es aber gerade nicht, denn wer im einen Fall härter urteilt als im anderen, bewahrt ja nur die letzten Spuren der Erinnerung an den Grundsatz, daß bei der Verwaltung öffentlicher Ämter andere, nämlich strengere Regeln gelten als in privaten Dienstverhältnissen. Dies Amtsverständnis, von dem der Staat, und zwar nicht nur der preußische, einmal gelebt hat, ist so weit heruntergekommen, daß es so aussieht, als würden die keineswegs geringen Privilegien, die mit der Wahrnehmung öffentlicher Ämter verbunden sind, nicht etwa als Entschädigung betrachtet, sondern als der erste und letzte Zweck, zu dem das Amt erstrebt und ausgeübt wird. So etwas verdirbt die Politik genauso wie die Laune und äußert sich als Ärger, Unmut und Verdrossenheit. Die Politik braucht Ziele, die über den engsten Horizont und den bloß materiell verstandenen Wohlstand hinausgehen. Ohne solche umfassenden, den Ehrgeiz oder die Gewinnsucht überholenden Gesichtspunkte wird Politik gerade für diejenigen suspekt, in deren Interesse sie angeblich betrieben wird.

An diese Zusammenhänge zu denken, wird es noch Anlaß genug geben. Spätestens die Emigrantenströme, die weiter anschwellen dürften, werden dazu zwingen. Sie werden die Deutschen daran erinnern, daß es so etwas wie einen gemeinsamen Willen eben doch gibt und daß er aus mehr besteht als aus Arbeitsbereitschaft und Versorgungsansprüchen. Die Hugenotten, die in Preußen Schutz vor der Verfolgung durch ihren katholischen König fanden, waren ja nicht als Wanderarbeiter oder Wirtschaftsflüchtlinge gekommen; was sie suchten, war die Geborgenheit im Glauben. Deswegen brachten sie ihrer neuen Heimat von vornherein ein Maß an Zuneigung entgegen, das sich mit der Hoffnung auf Wohlstand gar nicht erklären läßt. Sie wollten dazugehören, und weil sie das wollten, ist es ihnen auch gelungen.

Ein Staat ohne Bürger

Im öffentlichen Raum gibt es nicht allzu viele
Leute, die taktisches Geschick mit dem Bedürfnis
verbinden, Klarheit zu schaffen über die Grundsätze der Politik und ihre programmatischen
Ziele. In diese ziemlich kleine Gruppe gehört
zweifellos Wolfgang Schäuble. Nach Jahren im
Kanzleramt und einer relativ kurzen Zeit an der
Spitze des Innenministeriums ist er seit Ende
1991 Fraktionsvorsitzender von CDU/CSU im
Bundestag, und viele sehen in ihm den Nachfolger von Helmut Kohl. Als Schäuble im Sommer
1994 sein Buch »Und der Zukunft zugewandt«
vorstellte, sprach er über die zunehmenden Widerstände, die jeder zu spüren bekäme, der in
Deutschland politisch etwas bewegen wolle. Es
war die alte Klage über das Mißverhältnis von
wachsenden Verpflichtungen und schwindenden
Spielräumen, die hier, aus dem Munde eines er-
fahrenen und einflußreichen Politikers, allerdings besonders eindrucksvoll klang. Jeder Versuch, die Dinge zu verändern, verursache gewaltige politische Kosten, meinte Schäuble, nichts sei
dem Überleben zuträglicher als die Bereitschaft,

alles beim alten zu lassen. Eine Regierung finde um so mehr Beifall, je weniger sie den Bürgern an Neuerungen zumute, und könne im eigenen Interesse nichts besseres tun als möglichst stillzuhalten. Der Quietismus ist, sofern man Schäuble folgen will, zur Kardinaltugend der Politik geworden.

Für die Ungeduld, die Schäuble erkennen ließ, gibt es zahlreiche Gründe. Der Eindruck, schlecht oder gar nicht mehr regiert zu werden, ist weit verbreitet und beschränkt sich keineswegs auf Deutschland. Im Frühjahr 1994 erschien eine große italienische Zeitung mit der Überschrift »Regierung, regiere!«, »Le Monde« begleitete den Amtsantritt des Kabinetts Bérégevoy mit der Einladung: »Und jetzt: Regieren!« Wenn sich ein Mann, der im Zentrum der Macht steht und wie wenige die Mittel besitzt, die Dinge zu gestalten, so ähnlich äußert, klingt das jedoch noch einmal anders. Die Macht scheint sich nicht länger auszuzahlen, die Politik, wenn überhaupt, nur noch zu reagieren. Sie hat sich mit den Verhältnissen arrangiert und will nicht mehr Bewegung, sondern Ruhe. In seiner ersten Neujahrsansprache als französischer Staatspräsident hatte François Mitterrand den Vertrag von Jalta in Frage gestellt und sich Gedanken darüber gemacht, wie die Teilung Europas zu überwinden wäre. Anfang der achtziger Jahre war das eine beträchtliche Überraschung, die dementsprechend aufmerksam kommentiert wurde. Aber Mitterrand hatte kühner geredet als gedacht, er wollte gar nicht, was er sagte. Wer die Rede genau las, erkannte schon damals, daß er sich eine Neuordnung nur im Rahmen der vertrauten Außenpolitik vorstellen konnte, für die das dauerhafte Gleichgewicht zwischen den beiden Vormächten Amerika und Rußland eine unentbehrliche Voraussetzung zu sein schien. Als dieses Gleichgewicht dann sieben Jahre später wirklich aus dem Lot geriet, als die Wiedervereinigung möglich wurde und das System von Jalta tatsächlich zerfiel, war Mitterrand der erste, der zu retten suchte, was sich retten ließ. Er flog nach Rußland und beschwor Gorbatschow, es mit den Änderungen nicht zu weit zu treiben.

Bewegung scheint nur noch als Beschleunigung denkbar zu sein, als Fortschritt in die alte Richtung. Zwölf Jahre nach der Wende von der sozialdemokratischen zu einer christdemokratisch geführten Bundesregierung blickt man sich um und stellt fest, daß sich nicht allzu viel verändert hat. Das Bruttosozialprodukt ist größer geworden, die Währung härter, der Verkehr dichter, das soziale Netz fester; zugleich sind die Menschen älter geworden, die Familien kleiner, die Gemeinschaften schwächer, die Wälder kahler. Daß die bekannten Linien einfach verlängert worden sind, läßt sich mit den Zwängen einer Koalitionsregierung und den Geboten des Föderalismus, der die Opposition auf dem Umweg über den Bundesrat an der Regierungsgewalt beteiligt, wohl nur zum geringsten Teil erklären. Die Wenderäume waren ja vorhanden, sie wurden nur nicht genutzt. Das Bundesverfassungsgericht hat immer wieder sorgfältig darauf geachtet, der Politik den Platz zum Manövrieren freizuhalten, und lediglich die Grenzen für das abgesteckt, was nach der Verfassung erlaubt oder geboten war. Als sich nichts rührte, hat es Fristen gesetzt, um eine regierungsunlustige Regierung und eine oppositionsunfähige Opposition an ihre Aufgaben zu erinnern. Gegen den tiefsitzenden Immobilismus des politischen Kartells waren die Richter aber machtlos. Von Umbau, Abbau, Neubau ist zwar überall die Rede, und ein Sozialvolumen von einer Billion Mark, das Norbert Blüm als einen großen Sieg betrachtet, sollte dafür auch genug Raum bieten. Doch die Politiker wollen sich über die Besitzstandsgrenzen, die sie selbst großzügig garantiert haben, nicht hinwegsetzen, und die Begünstigten wollen nichts hergeben. Betrogen, ausgebeutet und vielleicht verspielt wird das System auf diese Art von beiden.

Der wichtigste Verteidiger des Status quo ist der Bundesfinanzminister. Als er sich unter dem Druck von Kritik und Einsprüchen endlich dazu bereitfand, ein einfaches, verständliches und gerechteres Steuerwesen zu versprechen, geschah das mit dem Zusatz, daß es zu grundsätzlichen und tiefgreifenden Änderungen natürlich nicht kommen werde. Mehr als die ewigen Retuschierarbeiten, die aus der Steuerordnung ein geplantes Chaos gemacht haben, soll es also auch in Zukunft nicht geben. Was es für das Ansehen des Staates bedeutet, die Klagen, die zahllose Bürger erhoben und viele Gerichte bestätigt haben, einfach in den Wind zu schlagen, scheint Theo Waigel gar nicht zu bemerken; wo früher die Minister von Gerechtigkeit sprachen, redet er nur noch von Durchsetzbarkeit. Es wird nicht mehr konzipiert, sondern nur noch repariert, und das Gesetz, der Inbegriff von dem, was immer gelten soll, degeneriert zur Maßnahme auf Zeit. Als die Zwölfte Legislaturperiode zu Ende ging, hinterließ der Bundestag dem Bundesrat ein Pensum von achtzig unerledigten Gesetzen, das von der Länderkammer dann in vier Stunden bewältigt werden mußte. Daraus ergibt sich eine durchschnittliche Beratungszeit von drei Minuten – ein Tempo, das allen Grundsätzen einer sorgfältigen Regierungstätigkeit Hohn spricht und von der Opposition zu Recht bemängelt worden ist. Unter dem Druck von lauter Kleinigkeiten ist der Gesetzgeber nicht mehr beweglich, sondern nur noch betriebsam. Weil sich seine Energie bei tausend Einsätzen auf der untersten Ebene verbraucht, fehlt sie dort, wo sie sich eigentlich zu beweisen hätte.

Die Politik ist längst nicht mehr der große

Ring, der alle Teile des Lebens unter sich zusammenhält. Sie löst sich auf in lauter Sachgebiete, die das Gefühl nicht mehr verbindet und der Verstand voneinander trennt. Jedes Ressort, von denen manche größer sind als früher die gesamte Reichsregierung, entwickelt seine eigene Vision. Der Verkehrsminister träumt von der mobilen, der Bildungsminister von der lernenden, der Sozialminister von der solidarischen Gesellschaft, und jeder will den Traum zu Ende träumen. Das sonderbare Wesen, das Platon im Kriton bewußt unbestimmt als das »Gemeinsame der Stadt« bezeichnet und den Gesetzen als Begleiter an die Seite stellt, ist verschwunden, und keiner vermißt es. Die Parteien haben sich mit ihren Vorstellungen von Dienstleistungspolitik durchgesetzt und aus den großen Ämtern Service-Unternehmen gemacht, die irgendeine Klientel bedienen. Carl Schmitt hat das den quantitativ totalen Staat aus Schwäche genannt: aus Schwäche deshalb, weil der Umfang an Zuständigkeiten die Kräfte zersplittert und alles andere ist als ein Zeichen von Kraft. Ein Ansinnen abzulehnen und die Enttäuschung, die daraus entstehen kann, in Kauf zu nehmen, erfordert offenbar mehr Standvermögen als die Bereitschaft, immerzu ja zu sagen. Natürlich war die Idee der deutschen Skiliftbesitzer, nach einem schneearmen Winter den Staat um Schadensersatz zu bitten, eine Zumutung. Aber wären die Bauern und Hoteliers so originell gewesen, wenn sie sich nicht durch eine Unzahl von Beispielen in der Annahme hätten bestärkt fühlen dürfen, daß der Staat schließlich auch für das Wetter zuständig ist?

Solche Erfahrungen lassen daran zweifeln, daß Regierung und Parlament den schlanken, effektiven Staat von sich aus noch zustandebringen werden. Die große Chance, die sich mit der Vereinigung geboten hatte, ist jedenfalls vertan worden. Zwar wurde eine Verfassungskommission gebildet, aber deren Mitglieder betrachteten die Neukonstitution offenbar als Regierungsmaßnahme und nicht, wie Thomas Paine, als den Akt eines Volkes, das sich eine Regierung geben will. Deshalb war die Kommission damit zufrieden, den Wählern mitzuteilen, was für sie das beste sei. Das Volk, von dem das Grundgesetz so unbefangen spricht, scheint ihr wie ein lästiger oder gefährlicher Konkurrent vorgekommen zu sein, vor dem man sich in acht nehmen muß. Einige ihrer Mitglieder haben Artikel 146, der die Hoffnung auf eine Verfassung äußert, »die von dem deutschen Volke in freier Entscheidung beschlossen worden ist«, offenbar so verstanden, als enthalte er eine Anleitung zum Staatsstreich. Die Änderungen, auf die man sich dann schließlich noch verständigen konnte, erschöpfen sich im Deklamatorischen: etwas mehr Gleichberechtigung für die Frau, etwas mehr Schutz für die Behinderten, etwas mehr Respekt für die natürliche Umwelt.

Was darüber hinausging, betraf Einzelheiten der Regierungstechnik, vor allem das Verhältnis zwischen Bund und Ländern. Das eigentliche Leitmotiv aller Verfassungen, die Frage nach den Quellen der Macht und ihren konstitutionellen Grenzen, ist aber nie mehr angeklungen. Gegen den Wunsch, möglichst wenig zu bewegen und sich in den bestehenden Verhältnissen einzurichten, konnte es nicht aufkommen. Am Ende haben die zahllosen Sitzungen und Expertisen, Anhörungsverfahren und Kommentare, die sich über die Dauer von fast zwei Jahren hinzogen, nur einen Bruchteil dessen hervorgebracht, was auf Herrenchiemsee, wo der Entwurf des Grundgesetzes entstanden ist, in knapp zwei Wochen gelang. Es fehlte an beidem, der Fähigkeit sowohl als auch dem Willen, mit der Neukonstitution ernstzumachen.

Ihr wichtigstes Element wäre eine Neubestimmung der mannigfachen Privilegien, die von den Parteien aus Artikel 21 des Grundgesetzes herausgelesen worden sind. Von sich aus werden sie mit Sicherheit nichts hergeben, denn die Parteien haben Macht, und die Macht ist von Karl Deutsch einmal als das Vorrecht definiert worden, nichts zu lernen. Wenn das so ist, muß den Parteien diese Lehre, die für die Zukunft der Republik entscheidend sein dürfte, von anderen beigebracht werden. Es ist keine romantische Volksgeistseligkeit, die für das Plebiszit spricht, sondern die nüchterne Einsicht, daß die Parteien ihren wichtigsten Auftrag, die Auswahl von Personal für die öffentlichen Ämter, nur noch unzureichend erfüllen. Parteien, meinte Dolf Sternberger, ließen sich geradezu als Vereine zur Beschaffung von Regierungspersonal verstehen. Und da versagen sie, denn die Parteiarbeit wird nach anderen Kriterien bewertet als nach denen, die im Öffentlichen Dienst tauglich sind. Wo sie trotzdem angewandt werden, begünstigen sie Leute wie Jürgen Echternach, lange Zeit Vorsitzender der Hamburger CDU und heute Parlamentarischer Staatssekretär im Bundesfinanzministerium. In der Partei und mit der Partei und durch die Partei großgeworden, weiß er, wie man sich andere verpflichtet und dabei selber unentbehrlich wird. Sein Aufstieg verlief ziemlich unabhängig von dem, was man ein bürgerliches Berufsleben nennt, und stützt die Vermutung, daß Leistung innerhalb der Partei etwas anderes bedeutet als sonstwo.

Solche Karieren haben den Respekt vor dem besonderen Charakter eines öffentlichen Amtes herabgesetzt, und dieser Abnutzungsprozeß wird so lange anhalten, wie der Parteieneinfluß nicht gemindert wird. Richard von Weizsäcker hatte noch, bevor er schließlich Bundespräsident wurde, daran erinnert, daß es Posten gebe, um die man sich nicht einfach bewerben kann. Schon um seine Nachfolge gab es dann aber einen Wett-

lauf, der nach allen Regeln des öffentlichen Mei-
nungskampfes geführt wurde, mit Interviews,
Annoncen und Appellen, in denen die Mitglieder
der Bundesversammlung auf ihren Kandidaten
eingeschworen wurden. Jeder der drei Männer,
die in den letzten Jahren Bundeswirtschaftsmini-
ster waren, hat sich, als die Vakanz in Sicht kam,
öffentlich »ins Spiel gebracht« und seinen »Anspruch« angemeldet: Wenn das Parteimitglied in-
teressiert ist und die Fraktion zustimmt, muß der
Kanzler nachgeben, so als handele es sich um
eine Beschäftigung, die nach denselben Regeln
angestrebt und wieder aufgegeben wird wie jeder
andere Beruf.

Den Einfluß der Parteien zu beschränken,
kann freilich nur die eine Aufgabe einer Neukonstitution sein. Die andere ist Machtbegründung.
Ihr legitimer und glaubwürdiger Gebrauch hängt
an der Fähigkeit der Machtinhaber, die Trag-
weite ihrer Entscheidungen rechtzeitig und einigermaßen vollständig zu überblicken. Nichts
hat den Respekt vor der parlamentarischen Regierungsform stärker beeinträchtigt als der Verdacht, die Abgeordneten versuchten dort die
Pioniere zu spielen, wo sie in Wahrheit nur Troß
sind. Die Gesetzgebung vermag den Fortschritt
wohl noch anzustoßen, lenken und zügeln kann
sie ihn aber nicht mehr, und mit ihren Kontroll-
ansprüchen bleibt sie hinter dem, was technisch
machbar ist, immer weiter zurück. Die Macht der

Wissenschaft parlamentarisch einzubinden, könnte deswegen lohnender sein als der im letzten doch wohl aussichtslose Versuch, den Abgeordneten mit *technology assessment* auf die Beine zu helfen. Das ist der Sinn des Vorschlags, neben den schon bekannten Teilgewalten eine vierte, die konzeptive Gewalt, vorzusehen. Die Wissenschaft soll zu der Verantwortung, die sie ja längst schon innehat, auch stehen. Vielleicht kommt man dabei auf das zurück, was Adenauer mit dem Bundesrat vorhatte, den er sich ja nicht als Instrument der föderalen Mitregierung wünschte, sondern als einen Senat. Entscheidend wäre, daß die Mitglieder einer solchen Kammer aus eigenem Recht etwas zu sagen haben und nicht nur als Vertreter irgendwelcher Gruppen.

Aber auch unabhängig von solchen Überlegungen muß das Gewaltengefüge, das die Demokratie bisher stabilisiert und eine Verhärtung der Macht verhindert hatte, neu bestimmt werden. Es ist bezeichnend, daß der populistische Aufstand in Italien nicht mehr von der parlamentarischen Opposition ausging, sondern von den Aktivitäten der dritten Gewalt. Auch Berlusconi, den die Rebellion an die Macht getragen hatte, bekam es schon nach wenigen Wochen mit denselben Richtern und Staatsanwälten zu tun, die seine Vorgänger aus dem Amt gejagt und ganze Provinzregierungen ins Gefängnis gebracht hatten. In Frankreich ging es nach denselben Regeln, auch dort ist es die Rechtspflege gewesen, die im Kampf gegen die politische Korruption den Ton angab. Ihr Zorn richtete sich gegen die politischen Parteien, deren unersättlicher Hunger nach Geld und Macht die Sitten verdorben hat. Geschäftemacherei habe es schon immer gegeben, schreibt ein französischer Untersuchungsrichter, doch erst unter Präsident Mitterrand werde sie mit System betrieben. In seinem »Schwarzbuch der Korruption« sagt er nicht nur Frankreich, sondern auch Deutschland italienische Verhältnisse voraus. Was wohl bedeuten soll, daß sich die Machtfrage auch hier noch einmal neu und anders stellen könnte: als eine Entscheidung zwischen Cliquenwesen und Gemeinwohl, Rechtsstaat und Günstlingswirtschaft, Mafia und Quirinal.

Max Weber hat empfohlen, jede gesellschaftliche Ordnung danach zu bewerten, welchem menschlichen Typ sie die maximale Chance gebe, sich durchzusetzen und herrschend zu werden. Betrachtet man die westliche Gesellschaft unter diesem Gesichtspunkt, dann fällt die Antwort nicht schwer. Herrschend ist nicht der Typ des Bürgers, sondern der Alleinstehende, der Single, der seine Bindungen an die Gemeinde, an die Heimat, an den Betrieb, an die Familie und an die Nachbarschaft aufs äußerste reduziert hat und alles Heil vom Staat erwartet. Er herrscht, weil er gefördert wird, und er wird gefördert, weil er herrscht. Das ist ein tödliches Rezept, denn wo sich die Gesellschaft auflöst, wird auch vom Staat auf Dauer nicht viel übrigbleiben. Statt der Republik, der öffentlichen Angelegenheit, die von vielen gestaltet und von allen genossen wird, gibt es dann nur noch das System, das von den einen verwaltet und von den anderen mehr oder weniger geduldig ertragen wird. Die Vollendung der Europäischen Union könnte diesen Zwiespalt vertiefen und das Auseinanderfallen von unten und oben zum Abschluß bringen. Sollte sich die Gemeinschaft als jene große Koalition zwischen Verwaltungsmacht und Wirtschaftsmacht realisieren, deren Umrisse schon erkennbar sind, dann werden der Obrigkeit noch einmal Flügel wachsen, die sie noch höher über den Alltag hinausträgt und das Land darunter noch tiefer überschattet. Die enttäuschten Bürger ziehen sich dann in ihre Refugien zurück, in die Ghettos der Armen und die Gartenstädte der Reichen, wie man sie in Italien und Amerika heute schon besichtigen kann: halbautonome Gebiete, in denen die Leute selbst für Ordnung sorgen, weil sie dem Staat nicht mehr vertrauen.

Das Zeitalter der Revolutionen würde dann tatsächlich zu Ende sein. Es ginge nach dem Muster der Sowjetunion, die ja nicht durch eine blutige Rebellion zum Aufgeben gezwungen wurde, sondern durch die große Verweigerung. Um eine Revolution zu wagen, müssen die Menschen einen archimedischen Punkt kennen oder zu kennen glauben, von dem aus sie das Ganze überschauen und in Bewegung setzen können. Eine solche Überzeugung hat heute aber niemand mehr. Es herrscht der Glaube an die vielen in sich abgeschlossenen Systeme, von denen jedes seine eigene Sprache spricht und teilnahmslos gegen alle anderen vor sich hintreibt. Welchen Belastungen ein derartiges Konglomerat gewachsen ist, konnte noch nie erprobt werden. In ruhigen Zeiten, sagt Clausewitz einmal, könnten auch die einfallslosen Feldherren Erfolg haben und sich unter Ausnutzung der gegnerischen Schwächen zum Frieden durchwinden. Sie müßten jedoch aufpassen und den Gegner ständig im Auge behalten, damit sie nicht, »wenn dieser zum scharfen Schwert greift, ihm mit einem Galanteriedegen entgegentreten«. Man braucht nicht allzu weit herumzublicken, um Gegner und Drohungen genug zu erkennen, darunter solche mit dem scharfen Schwert. Allein mit seinem Wohlstandskatechismus wird der Westen dagegen nicht viel ausrichten.

Christian Meier

Athen
Ein Neubeginn der Weltgeschichte

704 Seiten, Abbildungen, Leinen

In einer kleinen Stadt an der Küste der Ägäis, zur
Zeit von Themistokles, Perikles und Sokrates, zur
Zeit der großen Tragödien und des Parthenon sam-
melten sich alle Möglichkeiten einer neuen, ohne
Monarchen entstandenen, gänzlich regelwidrigen
Kultur und spitzten sich aufs ungeheuerlichste zu.
Die Weltgeschichte begann, den Weg nach Europa
einzuschlagen.
Christian Meier erzählt die Geschichte dieser Stadt,
die der persischen Weltmacht Paroli bot, ein großes
Seereich begründete, die erste Demokratie der Weltgeschichte hervorbrachte – und zugleich ein hochris-
kiertes Leben lebte. Er zeigt, warum gerade auch die
kleinen Leute – Bauern, Fischer, Handwerker und
Händler – ihre Feste, die Tragödien, die Tempel auf
der Akropolis nötig hatten; auf dem Weg zur Höhe,
zu einer Mobilisierung sondergleichen, zu Verbre-
chen und Verblendung und schließlich auch zur Vernunft.

»Es kennzeichnet den besonderen Rang des Mün-
chner Historikers Christian Meier, daß er über die
Griechen zu staunen vermag. Er stellt die Frage, die
sich sofort aufdrängt und die man doch so selten
hört: Wie war das möglich? Jetzt legt Meier die
Summe seiner Arbeit am Geheimnis Athen vor.«
Jan Ross, Frankfurter Allgemeine Zeitung

Henry A. Kissinger
Die Vernunft der Nationen
Über das Wesen der Außenpolitik

1008 Seiten, Abbildungen, Leinen

»Seit dem Erscheinen seines ersten Buches im Jahre
1957 über die Neuordnung Europas auf dem Wiener
Kongreß hat sich Henry Kissinger immer wieder
zur Geschichte der internationalen Beziehungen
geäußert. Dem jungen Harvard-Professor wäre eine
glänzende akademische Karriere beschieden gewesen, hätte er sich nicht mit seinem zweiten Buch
›Kernwaffen und auswärtige Politik‹ in die amerikanische Debatte über die Nuklearstrategie für die
sechziger Jahre eingemischt. Kennedy suchte seinen
Rat; Nixon machte ihn 1968 zu seinem Sicherheits-
berater, später zum Außenminister. Dies blieb er
auch unter Präsident Ford.
Sein neuestes Werk spiegelt beide Kissingers wider:
den Historiker und den Politiker. Auf über 1000
glänzend geschriebenen Seiten stellt der Autor die
Geschichte der internationalen Beziehungen vom
17. Jahrhundert bis zum Ende des Kalten Krieges dar.
Vordergründig geht es ihm um die Entwicklung der
Staatenwelt, um die europäische Ordnung und ihre
Ausweitung zum globalen Mächtesystem im 20. Jahrhundert. Diese Darstellung, für sich genommen
schon ambitioniert und komplex, ist jedoch verwo-
ben mit Reflexionen über Konzepte und Traditionen
von Außenpolitik und deren Bedeutung für konkre-
tes Handeln.«

Rheinischer Merkur

Joachim Fest
Staatsstreich
Der lange Weg zum 20. Juli

416 Seiten, Abbildungen, Leinen

Verweigerung, Opposition und Widerstand – alles
konnte in einem so totalitären Staat wie dem Dritten
Reich nur auf einen Staatsstreich hinauslaufen. Das
aber hieß, daß der Armee als der bewaffneten Macht
die Schlüsssselrolle bei jedem Putsch zukommen
mußte.
Von der Spitze der Armee ging denn auch die einzig ernsthafte Bedrohung des Regimes aus. In der
zweiten Hälfte des Krieges wurden dann junge Offi-
ziere wie Tresckow und Stauffenberg der Motor des
Widerstands.
In seinen knappen Porträts der Schlüsselfiguren und
dem dramatischen Duktus seines Erzählens gibt Fest
die gültige Darstellung jenes tragischen Versuchs,
sich aus eigenen Kräften des Diktators zu entledigen.

»Eine menschlich wahrhaft bewegende, historisch
erhellende Lektüre.«   *Richard von Weizsäcker*

»Das Gescheiteste, was zum Thema Hitler-Attentat
geschrieben worden ist.«   *Die Presse, Wien*

»Ein Glücksfall!«   *Stuttgarter Zeitung*

im
Siedler Verlag

Boris Jelzin

Auf des Messers Schneide

Aufzeichnungen des Präsidenten

384 Seiten, Abbildungen, Leinen

Boris Jelzin stellt sich immer mehr als Schicksalsfigur Rußlands heraus. Gorbatschow war der charismatische Visionär, der alles in Bewegung setzte, Jelzin aber bot allen Herausforderungen die Stirn: Er rettete die russische Demokratisierung, als er, auf dem Panzer stehend, den Putschisten im August 1991 entgegentrat.

Genau zwei Jahre später galt ihm selber die Revolte der Altkommunisten und Nationalisten, und wieder war das Weiße Haus in Moskau das Zentrum der Ereignisse. Als das russische Parlament mit Chasbulatow und Ruzkoi den gewählten Präsidenten entmachten wollte, kam es zu jenem Konflikt, der die Welt den Atem anhalten ließ.

Jetzt gibt dieser Mann, der in Washington, Paris und London lange unterschätzt, ja als Störenfried betrachtet wurde, Bericht über jene entscheidenden Jahre »zwischen Putsch und Putsch«.

»Am interessantesten ist der Politiker und Mensch Boris Jelzin, wie er dem Leser aus diesem Buch entgegentritt. Jelzin ist immer konkret und scheut vor der Schilderung von Gefühlen und Zweifeln nicht zurück.«   *Berliner Morgenpost*

im
Siedler Verlag